Rosas, Estrellas y Corazones

Rosas, Estrellas y Corazones

Historias Poéticas / Poesía Existencial

Colección de Poemas de Amor, Ilusiones, Fabulas, Crítica Social, Gente Especial, Familia, Dios, la Vida y algunas Espinas...

Roberto Berberena Collazo

Número de Control de la Biblioteca del Congreso de EE. UU.:   2015904446
ISBN: Tapa Dura   978-1-5065-0212-0
                   Tapa Blanda   978-1-5065-0214-4
                   Libro Electrónico   978-1-5065-0213-7

Información de la imprenta disponible en la última página.

Fecha de revisión: 21/04/2015

Para realizar pedidos de este libro, contacte con:
Palibrio
1663 Liberty Drive
Suite 200
Bloomington, IN 47403
Gratis desde EE. UU. al 877.407.5847
Gratis desde México al 01.800.288.2243
Gratis desde España al 900.866.949
Desde otro país al +1.812.671.9757
Fax: 01.812.355.1576
ventas@palibrio.com
708365

ÍNDICE

SOLO NECESITAS DESAMOR PARA NO SER FELIZ 67

SENSUALIDAD Y BELLEZA FEMENINA… 87

I

Introducción

a. **Dedicatoria: A mis hijas Maritere, Marimer y Karina Nicole Berberena.**

De todo lo que he llegado a conocer ustedes son lo más bello y cariñoso en mi existencia. Pudiera decir muchas cosas, pero decir las amo es la mejor afirmación que mis labios y mi corazón pueden expresar. Gracias por el amor y las alegrías que me han brindado; "In my life I love you more" [1]. Con ustedes confirmé que en esencia la felicidad; no es lo que tienes es a quien tienes a tu lado!

b. Advertencia: Los Poemas que presento son de mi autoría excepto los dos que tuvieron la contribución directa de mis hijas los cuales identifico específicamente en la sección correspondiente a la familia subtitulada *Ohana*. Cada Poema es individual y no tienen ninguna secuencia, puede que encuentren frases o ideas repetidas pero al componer poesía lo hago pensando en la estructura y composición del poema particular que escriba en el momento. Es decir, al componer me concentro en lo que escribo en ese instante sin considerar si se repite una idea, palabra o frase usadas en otro de mis poemas.

II

Prologo

"Acabo de llenar mis sentidos y mis realidades con estos poemas que al leerlos, permiten entrada a un mundo de diversidad espiritual, terrenal, sublime y mundano, y entenderán individualmente y colectivamente cuan cerca estamos los unos con los otros".

Todos estos poemas, con su diversidad de emociones, sentimientos, realidades, fantasías, sueños, esperanzas, añoranzas o sencillamente con un corte cuentista, logran crear en uno y en todos el sentido de eternidad. Eternidad colectiva que independientemente si nos conocernos o no, nos permite llegar a lo mas intimo de cada cual y compartir lo que al fin somos; energía que se entrelaza a través de la vida; energía que nos mueve sabiamente a reconocer que somos uno y consecuencia de otros.

Espero que puedan conectarse y disfrutar las experiencias únicas de este autor (Roberto Berberena Collazo) que con una sensibilidad extraordinaria nos lleva a su mundo y nos conecta al nuestro."

Magda Campoamor Redín

Comentarios del Autor:

Siempre me encantaron las ciencias naturales y los estudios sociales y detestaba la clase de español, hasta que tuve una profesora (Sra. Raquel Figueroa) que me enseñó a comprender lo que leía y me motivó a interpretar, analizar y cuestionar con respeto. Antes odiaba leer, desde ahí comencé a interesarme por los cuentos, novelas, poesías y otros géneros literarios todo esto sin dejar mis mayores pasiones; la ciencia, la pintura artística, la música y los deportes. Soy un músico y pelotero frustrado pero luego comprendí que en la existencia hay épocas y eventos y cuando se cierra una puerta da lugar a que se abran otras y también algunas ventanas; sobre todo caminos por recorrer.

En la vida hay tanto que hacer, para aprender, para admirar y para amar. Creo que lo más bello del universo es el Planeta Tierra. La diversidad de seres vivos es una maravilla tanto en cantidad como en variedad. Nos habrá creado Dios? Nos formamos después de una explosión sin sonido que formó las estrellas, planetas y satélites? Somos producto de una evolución selectiva o creación divina? En lo individual somos fruto del amor de nuestros padres o la consecuencia de un momento de pasión de un hombre y de una mujer? Querido lector(a), llegue usted a tener sus propias conclusiones. A mi me da trabajo pensar que pudiéramos haber salido de una pelotita que explotó para crear materia elaborada pero muchas veces la ciencia comprueba sus teorías. Lo que no tiene lugar a dudas es que el ser humano tiene muchas capacidades pero todo a partir de haber sentido, haber pensado, haber escuchado, haber analizado, pero sobre todo haber modificado conducta después de inquirir, soñar e imaginar. Es impactante apreciar el amor después de haber pasado por algún sufrimiento, que hermoso distinguir entre los ruidos y silencios; estimar la abundancia posterior a una escasez, valorar la salud o la sanidad al combatir la enfermedad, apreciar la soledad después de haber estado mal acompañado(a), o amar la buena compañía después de haber estado aislado(a), llegar a conocer después de haber sido ignorante, o recibir aguas después de una sequía física o existencial. Sobre todo valoro la libertad de pensamiento y de acción. Odio la enfermedad y no controlo la muerte, pero amo la libertad de expresión. Como ser humano tengo deberes y como ciudadano responsabilidades. Mis derechos terminan donde comienzan los suyos. Es significativo entender los contrastes y las paradojas tanto los días de sol como los días de lluvias son una bendición, el amor es la fuerza capaz de unir, persuadir, modificar y perdonar. Ame, aprenda, goce, ría, y viva con buenas ganas.

La siguiente es una colección de Poemas sobre algunas vivencias, algunos sueños y pesadillas. También sobre asuntos que he pensado, experimentado, anhelado, plasmado o imaginado. Es decir esbozo lo existencial, lo funcional y la esencia de las cosas. Con mucho respeto solicito que me honre al dedicar parte de su tiempo. Espero que disfrute de estas "Historias Poéticas" y se identifique con algo de mi *poesía existencialista o funcional* y que la misma sea de su agrado. Vaya leyendo poco a poco. Los poemas no son tan profundos o extensos como una novela, cuento u otros géneros literarios pero tienen la ventaja de ser breves. Es decir, en pocos minutos puede comenzar a leer y terminar algo con cierto significado. Los poemas son idóneos para un viaje en tren o avión, o algún momento de ocio. He escrito con la intención de hacerle meditar o reflexionar. Si provoco un suspiro, una sonrisa, hacerle reflexionar o alguna exclamación positiva en uno solo poema de los que lea habré cumplido mi objetivo.

ROBERTO BERBERENA COLLAZO

Debo destacar o hacer constar que deliberadamente me salgo de la estructura literaria formal de los Poemas tradicionales. *Me refiero a la métrica, alteraciones, asonancia, diferentes patrones de ritmo y rima, onomatopeya, metáforas, símiles, y más que nada ironía y simbolismo, entre otras cosas.* Aunque conozco y recurro en ocasiones a las formas o estilos antes mencionados mi estilo no es definido ni constante excepto por la rima. Así es que no esperen mucho formalismo. No es simple el poder definir la poesía en pocas líneas. La poesía ha existido desde tiempos inmemoriales tanto es así que el primer documento en recibir crédito por autoría en la historia de la humanidad fue un poema; el cual fue escrito por la sacerdotisa, poeta y teóloga; Enheduanna. Es decir, una mujer tiene la distinción de autenticidad literaria en el documento más antiguo que se conozca [Exaltación de Inanna, diosa de Venus]. Para mi no es casualidad que en ese primer poema combinara su admiración por el Planeta Venus con las virtudes femeninas.

A pesar de que la poesía es un género antiguo todavía es complicado definirlo, pero podemos afirmar que la poesía es una obra de arte del lenguaje. A través de ella podemos expresar lo que sale del alma, lo que sale de la mente y del corazón. El significado de la poesía también es subjetivo y resulta diferente según los tiempos o el "sitz im leben" [2]. Lo que se considera poético en un siglo o un lugar en particular puede considerarse trillado o ridículo en otro. La poesía es un género difícil de demarcar y puede o no atenerse a leyes de métrica y rima o puede ser breve o extensa. Un poema puede contar una historia o ser totalmente enigmático e ilógico e inclusive puede contener regionalismos o palabras inventadas como las que recurro en algunos poemas, especialmente en La Fabula del Niño y el Coquí. La poesía también puede tener un ritmo musical o ser completamente discordante por lo que es difícil encontrar un denominador común. No obstante, en un buen poema, la forma carga tanta información como el contenido. Muchas veces quiero seguir una buena métrica pero más importante es el contenido. Personalmente pretendo utilizar el lenguaje sólo como medio de expresión que al expresarme pueda transmitir algunas realidades existenciales como si fuera un músico tratando de componer o interpretar música a sus oídos.

Yo no espero buenas críticas de los expertos, pero aunque no soy recalcitrante aprendí que discrepar es parte de la vida. No obstante, para mí es más importante ser lo que yo quiero ser y no lo que otros pretendan que yo sea. Soy un libre pensador y actúo conforme a mi conciencia y criterio personal dentro de un marco de respeto y cordialidad. No represento a ninguna entidad o grupo y salvo en los momentos en que especifico el nombre de la persona, cualquier similitud con personas o eventos reales son coincidencia, recuerden relato historias poéticas, pero no necesariamente son realidad. Esperen de todo un poco, podrán leer poemas de amor, desamor, sensualidad, reflexión, crítica social, buen humor, lecciones y hasta posibles consejos. Se que mi visión de vida es diferente a la de mucha gente, pero mi lema es "diferir no es desamar" y creo que somos una obra en proceso hasta nuestro deceso.

Quisiera destacar que mi jornada existencial ha estado llena de experiencias hermosas pero también algunas no muy agradables. El sentarme ha leer o escribir enriquece mi espíritu y mi intelecto. Sin embargo, por más libros de ciencia que lea no seré Albert Eisntein, por más poemas que escriba no seré un Pablo Neruda, si escribiera una novela mi nombre no podría estar en la misma oración con el gran Gabriel García Márquez, tampoco sería un teólogo independientemente de cuantas veces lea La Biblia, ni por mas que fuera al gimnasio llegaría a ser Vin Diesel y por mas cremas faciales que pudiera usar nunca seré un Brad Pitt. No obstante, les aseguro que diariamente mi misión es ser un mejor ser humano.

Con el tiempo he comprendido que no importa cuanto aprenda cada vez soy menos perfecto, pero más humano, más feliz y vivo en paz. Acompáñenme en esta jornada poética la cual resulta ser mi "penúltimo" sueño. La primera sección es como un preámbulo a las demás secciones, es una especie de anticipo ya que contiene poemas que muy bien pudieron ser parte de alguna de las secciones en que se dividió este Poemario. Lea mis Historias Poéticas, que no necesariamente son reales, pero las que nunca ocurrieron si han existido en otra gente, en mi mente, en mi espíritu, en mi imaginación o mi corazón. He aquí mi Poemario, **Rosas, Estrellas y Corazones.** Veamos…

III

Secciones (103 Poemas)

A. Ilusiones, Pasiones, Sueños y Aventuras…[12]

B. Solo Necesitas Amor Para Ser Feliz… [19]

C. Solo Necesitas desamor Para No Ser Feliz… [16]

D. Sensualidad y Belleza Femenina… [10]

E. Gente Especial… [6]

F. Dios, La Vida y algo sobre la muerte… [14]

G. Fabulas, Metáforas y Crítica Social… [12]

H. La Patria / Nuestra Tierra… [4]

I. Ohana (Familia)… [4]

J. Shakespeare's Language (Almost)… [6]

Ilusiones, Pasiones, Sueños y Aventuras...

Tu Recuerdo...

Llegaste a ser mi sueño
Un sueño cumplido...
No se si fue mi Eros o tu Cupido

Al unirnos era danza
De silencios y rugidos
Siempre estabas en mi mente

Empero, ahora todo es diferente
Recuerdo cuando te besaba la frente
... y en la espalda!

Mi corazón latía de emoción
Mi mente se tornaba ansiosa
Eras como una diosa de amor

Creo que los dos dimos lo mejor
Tú eras ritmo táctil a mis oídos
El corazón retumbaba con latidos

Una mañana dejaste una rosa
Esa fue tu despedida
No tuviste que decir más nada

Miré por la ventana y lancé un beso
No era pidiendo tu regreso
Era dando gracias por tu amor

Mirando las estrellas inspiré coplas
Y ahora te dedico estas estrofas
Por ti levanto ésta última copa
Disfrutando la música de tu silencio

Aunque estés distante en ti pienso
Pasa el tiempo y todo es diferente
Disparejo me parece todo el universo

No tengo ningún reproche
Casi nunca pienso en ti…
Aprendí a mentirme; cada noche!
Todas las veces que tu recuerdo llega a mí…

Por: Roberto Berberena Collazo

Roberto Berberena Collazo

Piel Café...

No sé que fue lo más que de ti me gustó
Fue tan exquisito todo lo que se saboreó
Quizás fue tu aroma o el color de tu piel
Me subiste al cielo con tus besos de miel

Dicen que lo bueno no dura, añoro tu dulzura
Ciertamente levantabas todos mis sentidos
Recuerdo las caricias, el amor y tu ternura
Tu sabor va en mis labios, tu piel en mis latidos

Tu aroma como agua de rosas de fino ramo
El sabor de tu boca me elevaba a la estrellas
Te llevo en el corazón que solloza un te amo
Al cielo miro rastreando tu luminosa estela

Ayer, me levantaba tu exquisito aroma
Hoy, ya no estas pero vives en mi piel
Mañana, te llamaré en lo alto de una loma
Por siempre, evocaré tu mote; Piel Café!

Jamás y nunca te borraré de mi recuerdo
Llevo tu aroma y tú aliento muy adentro
No sé si me llevas a la Gloria o al infierno
Solo sé que lo que siento por ti; es eterno!

Por: Roberto Berberena Collazo

Te Invito...

Te invito…
A mirar en la noche conmigo a las estrellas
Quiero contar contigo ha cada una de ellas

Te invito…
A que me permitas contemplar tu faz
Tu carácter y actitud me infunden paz

Te invito a caminar juntos a lo largo de la playa
A contar los granos de arena hasta su guarda raya

Te invito…
A escuchar la música del mar cuando bate sus olas
Quiero llenar tus espacios para que nunca estés sola

Te invito a mirar al cielo y admirar la bella Luna
Confirmarás que pienso que como tu no hay ninguna

Te invito a una noche sobre un velero
Te darás cuenta que lo mío es verdadero

Por: Roberto Berberena Collazo

Luna de Mar!

Hoy hay Luna llena, están claras las aguas del mar
Es una noche abierta y perfecta para salir a navegar

En las aguas se ve de la Luna un bello reflejo
Se proyecta tu faz y tu interior como en espejo

Eres una mujer hermosa que opaca cualquier color
Es como si el mar fuera un jardín y tú su más bella flor

En el cielo inciden Venus y la Luna; ante ellas casi me rindo
Pero al verte a ti pienso que tú eres el paisaje más lindo

Irradias belleza, paz y luz con el más intenso brillo
Es como si tu luz fuera de la Tierra y del mar su abrigo

Me deslumbra tu brillante luz y al mar tú lo engalanas
Me da temblor al vislumbrar que ahora eres mi amada

Miro al cielo y a ti y parece te elevarás batiendo tus alas
Es como si tu traje fuera un manto de cuento de hadas

Voy a ti derecho; tu luz casi me ciega pero tu majestad es suprema
Necesito de tu mar no importa si da vida, no importa si envenena

Por: Roberto Berberena Collazo

Mareas Altas y Bajas...

Llegó en silencio, me quiso, o quizás solo me usó
Trajo grandes placeres y también grandes vacíos
Siempre supo que controlaba todos mis sentidos
Fui a la playa, la esperé como el mar toma al río

La Luna se reflejaba en su clara y sensual mirada
Como nuestro satélite, también tenía cuatro fases
Unas veces era fuego ardiente y otras tenue flama
A ratos creciente o llena con muchos contrastes!

Logré descifrar algunas de sus incitantes muecas
Pero por lo general se ocultaba con fino antifaz
Cuando entendí sus tretas decidí cerrar la puerta
Jugué su juego, también llegué a usar un disfraz

Solo pretendía que al estar en alta fuera toda mía
Al subir su nivel se unía a mí con besos y abrazos
Pero al bajar se tornaba fría o se iba a la lejanía
Ya no era la Luna radiante era como Sol en ocaso

Semejante a las olas en la playa ella siempre volvía
Su marea subía y bajaba como generando espuma
Tal parecía que esta vez como dunas se asentaría
Pero en realidad era como fantasma que se esfuma

Me domesticó y con ella yo subía, con ella yo bajaba
Abatía con impulsos que brindaban fuerte emoción
Llegué a tener de todo, para luego no tener… nada!
Al final causó muchos estragos provocando erosión

Al socavar como maremoto lo profundo del corazón
Sus niveles me asfixiaron dejándome sin respiración
Ella estremeció todo mi ser como un terrible temblor
Su marejada arrastró ausencia y ahora vivo sin amor

Por: Roberto Berberena Collazo

Otro Lugar!

Busco afuera lo que no he perdido
Lo importante es llenar el interior
Por fin eso lo he comprendido
Voy rumbo a la ruta del amor

Siempre se consigue en la vida
Que haya otro punto de vista
Si te cerraron una puerta, otra abrirá

Esa es mi nueva perspectiva
Otra puerta en otra esquina voy a encontrar
Por más salada que sea la vida
Podrás encontrar miel o una dulce salida

Estoy esperando noticias de otro lugar
No quiero quedarme en el mismo sitio
Tocaré otra puerta y me atreveré ha entrar

Busca un cielo busca un Sol
Crea tu propio camino
Forja tu destino meramente al andar
No te aflijas, busca otro lugar

Libérate saca del alma esas espinas
Es tiempo de amar, déjale entrar
Si no es aquí, será en otro lugar

Por: Roberto Berberena Collazo

Sueños y Pesadillas!

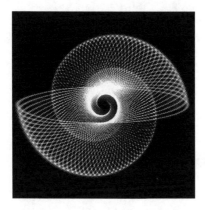

Estando solo al caer la noche
Veo que las luces se tornan amarillas
En ocasiones miro la vida con reproches
Pero en realidad la vida es una maravilla

Siempre he sido un irremediable soñador
Tanto que aunque trate no puedo cambiar
No es solo en la noche, lo hago de sol a sol
Mi única pesadilla sería dejar de soñar

Pero mis últimos sueños son muy diferentes
Siento que la capacidad analítica va a la deriva
Sueño por el bienestar de mucha gente
Quisiera que todos disfrutáramos una mejor vida

Creo que estamos demasiado desenfocados
Parece que lo material es lo más anhelado
Esto es general de barrenderos a letrados
En cualquier foro, en la calle o un estrado

Tal parece que solo nos importa lo muy mío
Siento que hasta los animales nos hacen fiero
Envidio la alegría de un pollito con su pío, pío
A caso perdimos la capacidad de usar el cerebro?

Simplemente todos somos dados a una burda astucia
Como los médicos que olvidan la misión del cirujano
Jueces que le importa el derecho más que la justicia
Políticos cedidos a la avaricia más que al ser humano

La pasión por lo material no solo está en la aristocracia
No se te ocurra pasar por un punto de llamados humildes
Se alega que todo es producto de los gajes de la democracia
Pero en sus sectores los malotes intoxican a niños y rebeldes

Pienso en parientes que van a fiesta de quinceañera
Hacen memorias del pasado y de todas sus penas
Empero critican la comida como vulgar bochinchera
Olvidando que lo importante es la alegría de la nena
Qué tal de falsos religiosos cuyo interés es la chequera?

Por eso para mí la noche no es sinónimo de oscuridad
Reconozco que a veces me torno ansioso en mi empeño
La noche me induce a meditar, por tanto me da claridad
Ésta noche buscaré soluciones quizás lo consiga en un sueño

Por: Roberto Berberena Collazo

Bellamente Complicada

Nunca fue consistente, era bellamente complicada
Parece que su rostro fue sacado de la mejor pincelada

Su sonrisa era angelical llena de simpatía
Pero su sensualidad tenía la mayor picardía

No miraba a nadie pero les echaba un vistazo a todos
Sus ojos delataban todo lo que fueran sus antojos

Te hacia sentir que eras maravilloso al estar satisfecha
Pero variaba de sentimientos al cambiar la nueva fecha

Estar con ella era un reto, te buscaba y luego te ignoraba
Se sentía amada y mimada pero eso era lo que esperaba

Ella sabía que me tenía al darme los mejores placeres
Es como si yo fuera globo y ella me explotaba con alfileres

Cuando había que volar nadaba pues no quería ataduras
Pensé que era frágil y pura pero resultó ser demasiado dura

Yo me creía su galán pero me trató como niño en pañales
Sí, he aprendido tarde pero ahora seguiré las señales…

Por: Roberto Berberena Collazo

Mujerón...

Tu cuerpo se acerca a la perfección
Tu rostro es digno de admiración
Y también al hablar usas la mejor dicción

Sensual, coqueta, provocativa e innovadora
Vistes de pasarela y eres seductora
Me encantaría estar contigo a toda hora

Inteligente, alegre y sustantiva,
Espiritual, jovial y creativa
Estaría contigo mientras viva

Oh mujer bella y elegante
Tienes un porte despampanante
También tienes el olor más fragante

Solo me queda un deseo el cual es un beso
Me hechizas, erizas nos consume el deseo
Te estoy sintiendo pero No…no te veo

Hubiera continuado con la rima
Pero el despertador me vino encima
Me pregunté, fue realidad esa mujer tan fina?

Sus cualidades son mutuamente excluyentes
Pudiera yo corresponder a esa clase de gente?
Creo que simplemente fue un sueño que soñé

Recuerdo la canción de Don Pedro, Bajo un Palmar
No eres novia mía pero en el sueño si te pude besar
La busco, en montes y valles pero no la puedo encontrar...

Por: Roberto Berberena Collazo

Año Nuevo y Tú

(Princesa Brí-Brí)
Sonaron petardos, tiros y campanas
A pesar del ruido no escuchaba nada
Es que al iniciar el año te abrazaba

Más que el empezar de un día o un año;
Comenzaba el inicio del resto de mi vida
Emergía felicidad, no volvería a ser huraño

El nuevo año trae alegría y nuevas ilusiones
Pareces imitar al ciclo con tu chispeante energía
Ahora das vida a mi vida con tus emociones

Todos celebraban en ruido, nosotros a besos
Fue el más largo y apasionado de los ósculos
No habría más despedidas, el abrazo fue intenso

Era como si no existiera más nada solo tú y yo
De alegría comenzamos a bailar La Murga
Fue como entonar un himno de amor para dos

Sentí que tus brazos eran el puente de mi mundo
Pude llegar a lugares espirituales llenos de amor
Nos tocamos el alma, llegamos a lo más profundo

Brillaba tu belleza, tu alegría y tu lado espiritual
Era como si tú fueras el corazón de mi universo
Al sonar las campanas eras un cuento de hadas

Solo fue un sueño que de mi mente no puedo borrar
Divago incrédulo que sea una ilusión en la distancia
Me aferro al sueño tal vez cruce el puente de Panamá

Fue tan real lo del sueño; yo sé lo que sentí…
Quizás viajé en otra dimensión ó ha otra nación
Ahora quiero ser Coquí que bese la Princesa Brí-Brí

Por: Roberto Berberena Collazo

Mirando por la Ventana...

En la noche contemplo su oscuridad
Es misteriosa, lúgubre, pero incitante
Me abruman la tristeza y la soledad
No te olvido; te recuerdo a cada instante

Miro por la ventana en profundo silencio
Mi única compañía es mi blanca ventana
Ha pasado el tiempo, pero solo en ti pienso
Pasan las horas y llega el Sol de la mañana

Ay, que angustia pasar otra noche de desvelo
Te añoro en la distancia y me abruma el dolor
Mi ventana es la que refleja mi desconsuelo
Mi alma se oprime por haber perdido tu amor

No hay nada peor que estar preso de desamor
Es como si la vida la dominara la desolación
Hasta la Luna me ha abandonado y me da pavor
De pronto me consuela el recuerdo de nuestra pasión

Toco de mi ventana su cristal para sacar algún ritmo
Empero sus melodías están llenas de melancolía
No puedo creer que mi vida se llene de pesimismo
Cae el manto de la noche y se asoma el nuevo día

Mi mundo se detiene pero en la ventana veo reflejos
Pasa un ave que me da esperanza con sus alas
Me habla que la vida no debe perderse por nada
Caen lluvias de esperanza con gotas que me sanan
Parece que un ángel pasó y me tocó en mi ventana

Llegó la luz borrando los dolores del pasado
Adiós a la aflicción; me despido de las frustraciones
Vuelvo a ser feliz, la alegría ha retornado
Me reviven las rosas, las estrellas y los corazones

Por: Roberto Berberena Collazo

Aventura Casual

Parado en una esquina
Vi pasar una chica
Y quedé deslumbrado

Me acerqué hasta su lado
Permanecí con la boca abierta
Ella correspondió con su sonrisa

No pude contener mi vista
Y le pregunté su nombre
Se negó, y dijo "eres un extraño"

Murmuró, no es malo una vez al año
Para mi sorpresa me dio un papel
Allí lo escribió, se llamaba Raquel

También me dejó su número…
Cuestionó; ¿Cuál es tu cuento?
Y me preguntó, cómo te llamas?

Contesté diciendo "me llamo Alan"
Y me encantan las bellas damas
Replicó, eres feo pero interesante

Esto subió de tono y seguí hacia delante
Le tiré todo mi repertorio
Y hasta hice chistes de velorio

Me invitó para un entierro,
"No el que estas pensando",
Empero hubo de todo un poco

Ponderé que lo que hicimos fue de locos
En el adiós dio las gracias y dijo me llamo Rosa
"No te molestes porque fui un tanto mentirosa"

Suspiré y le dije "ésta aventura fue novedosa
Me dominan los episodios de filibustero
Ah, no soy Alan y soy medio embustero"

Lo que sí es cierto es mi cuento aventurero
Fue culinario, erótico, chispeante y muy divertido
Pero no sé si habrá consecuencias, ya estoy arrepentido

Por: *Roberto Berberena Collazo*

Solo Necesitas Amor Para Ser Feliz

Aguas y Cielo...

Quiero zarpar y navegar en tus aguas
Hundirme en ellas como si fueran mi río
Quiero que seas ante el sol mi paraguas
No para taparme sino para que seas mí abrigo

En la cuenca de tu océano quiero nadar
Para sentir en mi piel el toque de tu magia
Quiero junto a ti perfeccionar lo que es amar
Extirpando el dolor o cualquier nostalgia

Voy subiendo a tu hermoso cielo
Tu cenit me lanza a nuevas alturas
Tu sustancia me transporta a lo nuevo
Eres el dosel que a mi mente da apertura

Voy a desechar mi propia máscara
Para adentrarme a la pura realidad
En tu espejo ví mi interior y mi cara
Ahora proyecto mi ser con claridad

Mi alma ya no divaga adolorida
Tu amor me llena de la mejor emoción
Tu compañía a mi vida hace florida
Ya no se ni adonde se fue mi aflicción

Tus claras aguas sacian mi peor sed
Tu bello cielo es mi mejor espacio
Hay libertad al unirnos de ser a ser
Vamos sin prisa, navegando despacio

Por: Roberto Berberena Collazo

Tu
Música...

Tu voz es música a mis oídos y a mis sentidos
De solo pensarte se aceleran mis latidos…

Si yo fuera sordo tú serías mi mejor ruido
Escuchar de tu canción es vital sangre y su fluido

Eres como la letra de mi canción preferida
Basta con escucharla y alegras toda mi vida

Tu sonrisa es como la luz del Sol que alumbra
Y tus besos extirparon la penumbra en el corazón

Solo fue necesario escuchar tu canción…
Para entonar la melodía del amor…

Cantaré sobre las bendiciones incluyendo el placer
Amar, besar, bailar y cantar hasta al amanecer

Tus ojos hablan con el mayor brillo de noche y de día
Se unen al olfato y al sabor entonando la mejor melodía

Escucho tu canción y no importa si cierro mis ojos te veo a ti
Y es que tu guiño y la armonía que trae tu voz me hacen feliz

Por: *Roberto Berberena Collazo*

Mi
Arco Iris

Vamos en viaje de aventuras,
Quizás adonde el viento nos lleve
Caminemos y subamos a las alturas
Aunque llueva o caiga mucha nieve

Regresaremos para ir a navegar
En lugar de remar cantaremos
Entonaremos sobre lo que es amar
Y de lo mucho que nos queremos

Que bonito es el amor
Hace que olvidemos las penas
No hay tiempo para el dolor
La vida es como una verbena

Nuestra melodía tiene buen ritmo
Se refleja la alegría en tus ojos
Eres mi arco iris de distintos tonos
No solamente eres luz eres mi todo

Eres mi lluvia en la sequía
Y la calma en la tempestad
Contigo el Sol siempre brilla
Y la Luna luce magistral

ROBERTO BERBERENA COLLAZO

Busquemos el fin del Arco Iris
Nada nos puede detener
La vida es hermosa con sus placeres
Te quiero a mi lado y no te quiero perder

Vamos a pintar del mejor color
De noche nos guían las estrellas
De día nos iluminará el Sol
Eres bella y noble y te enmarca el amor

Tomemos prestado del arco iris sus colores
Haremos todo lo bueno para entretenernos
Pinta tus labios rojos y dame de tus sabores
Eres el prisma que me escoltará a lo eterno

Por: *Roberto Berberena Collazo*

De Sol a Sol...

Salió el Sol y es una bella mañana
Quiero acercarme por tu ventana
Declamar que yo soy quien te ama

Amanece y es un hermoso nuevo día
No importa que ocurra es una maravilla
Hoy es día de agradar a la amada mía

Veo el majestuoso Sol resplandecer
Casi me cegó, pero gracias a el veo
Trae de su energía hasta el atardecer

Es otro día para trabajar con mis sueños
Mi amada como Sol es ardor no un empeño
Quiero deleitarte no pretendo ser tu dueño

Deseo que el Sol sea nuestro guía
Aspiro a ser más que tu buen amigo
Y en cada día tener el mismo abrigo

Sube la temperatura y sentimos calor
Es el disfrute de la bella estrella madre
Ante ella sellamos nuestro ardiente amor!

Por: Roberto Berberena Collazo

Al verte sentí algo nuevo
Fue más que ver una mujer linda y mis deseos

Fueron tantas las cosas que sentí de repente
Casi no contengo mis nervios al estar de frente

Que dulce emoción el contemplar tu mirada
Como si solo existiéramos tú y yo y más nada

Pensé "la encontré, se confabuló el universo"
Desde que llegaste a mi solo en ti pienso

Quiero dar de mi lo mejor desde lo profundo
Sin duda tu eres lo mejor en mi mundo

Ahora se lo que es amar
No hay nada que disfrazar

Quiero entregarme a ti enteramente
Pretendo estés conmigo eternamente

Voy a hacerte completamente feliz
No eres capricho ni tampoco un desliz

No se si para ti lo nuestro será en vano
Solo estoy seguro que te quiero y que te amo!

Por: Roberto Berberena Collazo

Contrasentidos...

Sabía que eras increíble
Por eso me encanta tu verdad
Eres el silencio que tiene voz

Tornas mi oscuridad en luz
Mi soledad ahora es de dos
No sé si debo seguir con vos

Tomo fotos con mis ojos
Tu vista son mis anteojos
Nada tengo, contigo tengo todo

Mi olfato distingue tu buen olor
En la distancia siento tu cercanía
Y te llevo en el corazón, oh amada mía

Mi mejor problema siempre eres tú
Debato con lo que sé de ti y lo que se siente
Me importa lo que hagas no lo que pienses

Eres el adiós que no quiero despedir
La maldición que quiero bendecir
El error que no quiero corregir

Te tengo pero quiero seguir conquistándote
Hay razones para dejarte pero decidí amarte
Me llenaste de vida y quiero morir amándote

Me pasé la vida mezclándome con lo común
Entonces llegaste con tu obscena pulcritud
Sin dudas, quien me llena de felicidad eres tú

Por: Roberto Berberena Collazo

Tú (Eres)

Simplemente te amo de tantas maneras y te llamaré...Tú
Debo confesar que quiero tener a mi lado a alguien como; tú

Eres pasado, presente y futuro y también mi espacio
Eres ciencia y drama también dama digna de un palacio

Eres tan suave, frágil pero fuerte y a veces complicada
Aun en tu paradoja existencial eres la mujer más delicada

Eres como un ángel que quema por dentro con su fuego
Con razón quedo añorándote cuando dices hasta luego

Eres luz y sombra, quiero volar en tu mágica alfombra
Elevas mi espíritu a los cielos, en verdad que me asombras

Eres como un arco iris del más vistoso colorido
Coloreas mi alma como deleitable bouquet florido

Pretendo ser tu amante pero más necesito de tu amistad
Eres bella en cualquier contexto, con la mejor sensibilidad

Procuraré que pases tu vida conmigo y no con ningún otro
Quisiera que con un tú y un yo formáramos un nosotros...

Por: Roberto Berberena Collazo

Hoy, Mañana y Siempre...

Ayer busqué una ilusión
Se torno en confusión
Y concluyó en frustración…
Ay, que decepción

Mas ahora por doquiera que voy,
En ti pensando estoy,
Deseando que seas mi hoy mi mañana…

Dicen que el que ama
Espera por siempre
Como yo por ti hoy….mañana.

En ti he encontrado honestidad,
Belleza, decencia y dulzura
Entre las mujeres eres la más pura
Oh mujer virtuosa, flor que todo lo embellece

Por ti preciada Flor,
Ruego al Omnisciente
Para que complemente mi amor,
Hoy mañana y siempre

Solo te pido que aciertes!
Que seas mí hoy, mi futuro
Serás la más feliz, eso te lo aseguro…
Si me amas hoy, mañana y siempre…

Por: Roberto Berberena Collazo

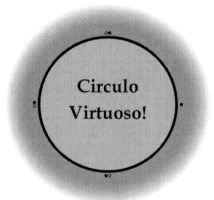

Círculo
Virtuoso!

No puedo compararte con nada
Eres bellamente única
Quiero que siempre seas mi amada
Tu voz es mi música

Lo nuestro es un círculo virtuoso
Yo te amo y tú me amas
Se ratifica que el amor es esplendoroso
Me consumes con tu flama
Y esto es maravilloso

Me empeño en reconquistarte cada día
Serás mi eterna conquista
Quisiera deleitarte el resto de mi vida
Eres mi danzarina en medio de la pista

Me esmero en tratarte como Princesa
Tu me tratas como rey
Así el amor circula y regresa
El amor y respeto es nuestra ley

Tú eres una mujer muy virtuosa
Yo hombre brioso
Somos una pareja feliz y hermosa
El buen amor nos hace dichosos

Soy afortunado en que me hayas aceptado
Haré que nunca te arrepientas
Pues viviré de ti por siempre enamorado
Nunca soltaré de nuestro amor sus riendas

Los silencios y espacios se hacen eternos sin ti
Somos la continuidad de un círculo amoroso
Nuestro amor es como anillo que nunca tendrá fin

Por: Roberto Berberena Collazo

Paradojas

Tú existes y luego piensas
Yo pienso y luego existo

Tú buscas a dioses ajenos
Y yo amo a Jesucristo

A ti te fascina acicalar el exterior
Yo quiero mejorar mi interior

Tú piensas que me amas
Pero yo te amo sin pensar

Yo te quiero tal y como eres
Tú quieres que yo sea otro

Te gusta lo glamoroso y fantástico
Yo quiero lo simple y lo romántico

Te comparo con el Sol y la Luna
Y tú procuras la buena fortuna

He pensado que lo nuestro es un error
Me incitas y retas ha buscar algo mejor

Pero hay algo en que nos parecemos
Y es que a las paradojas venceremos

No es asunto de cambiarnos
Es un asunto de ser feliz

Ya yo tomé una decisión por ti
Y tú afirmaste amarme hasta el fin

Por: Roberto Berberena Collazo

Amor Ciego!

La mejor conversación fue con tus ojos
Tus mejores besos fueron con tu mirada
Te ví a través de la oscuridad del cerrojo
Tu mejor abrigo fue el que no vestías nada

En la alcoba pude verte en la oscuridad
Aún con ojos cerrados me guiaba tu luz
Pues tu mente proveía una gran claridad
No se si fue telepatía o sencillamente tú…

Tus besos agitaban la respiración natural
Se tornaron en una extensión del aliento
En silencio te sentía respirar y nada más
Percibía tu ruido interior como el viento

Tú me mostrabas todo lo que había afuera
En tanto te sentí en mi interior, muy adentro
Fue como unirse o ser parte de la misma esfera
Mientras de mi vida te convertías el centro

No era solo tu gracia, candidez, o tu hermosura
Eran la sutileza y la ternura de tus dulces besos
Que daban libertad al sacar mi grosera amargura
Suprimiendo del pasado todo su inclemente peso

Y así hiciste que mi vista fuera lentamente enfocando
Mis ojos fueron abriendo y ya no estaban tan cerrados
Mi mente interpretó y mi corazón se iba ablandando
Enterrando el pasado prescindiendo de lo más errado

Fue como disciplina militar para mi propio espíritu
Se ejercitó mi conciencia librándola de todo mal
Quedó atrapada pero la llevé hasta lo más extinto
Así fue que me enseñaste a saber lo que es amar

Uno ama porque ama, aun sin tener perfecta visión.
Sin introspección, a veces se ama quien no lo merece
Dicen que el amor es ciego y existe una simple razón
El corazón no tiene ojos…solo ama, siente y padece!

Por: Roberto Berberena Collazo

La Luna y Tú...

La naturaleza es bella, miro la Luna y las estrellas
Yo no se lo que es lo mas hermoso de ella
Si el espacio, el cielo, el mar, la flora y su color
Solo se que me fascina ver del cielo su esplendor

Amo la vida por sus retos y las posibilidades
Aun con mis limitaciones me permite decidir
Empero, ahora quiero que me ayudes ha elegir
Hacia dónde vamos o adónde podemos ir

Que te parece si navegamos mar adentro?
Allí ante los astros montaremos un aposento
No tendrá paredes disfrutando la luz de la Luna
Cantaremos y bailaremos sin importar el tiempo

La luz de la Luna se reflejará en tu linda cara
Seguiremos contemplándola hasta la mañana
Cantando melodías para recibir al nuevo día
Daré gracias tanto por la Luna y tu mirada

Cada estrella estará brillando sobre nosotros
Quizás nos de frío pero nos tendremos el uno al otro
En ti irradiará el brillo lunar sobre tus seductores ojos
Ya nunca habrá un eclipse de amor pues lo tenemos todo

Lo más importante es tu compañía y que estés en mi vida
Así olvidaremos lo que quedó atrás admirando la Luna
Daremos gracias a Dios por nuestra dicha y buena fortuna

Que feliz me siento con tu amor y la magia de la Luna
Ambas se confunden como si fueran las dos en una
Y es que como la Luna y tú; no hay nada, ni ninguna…

Por: Roberto Berberena Collazo

El Día Después de Nuestra Primera Noche!

No hubo despedidas, te quedaste en casa
Por primera vez estuvimos solos y unidos.
Ésta mañana fue como despertar en el cielo
Me uní a la mujer de mis sueños y anhelos

Fue una noche hermosa, romántica y dulce
Me remonté al bendito día en que te conocí
Aun sin conocerte me había enamorado de ti
Algo me decía que también me querrías a mí

No fue casualidad que tú y yo nos uniéramos
Pienso que Dios quiso que nos conociéramos
Tú eres como un gran premio de amor y de fe
Cuando desperté olfateé el rico aroma del café

Preparé desayuno y te expresé, buen provecho!
No cesé de acariciarte, besarte y abrazarte
Pregunté si fue sueño el compartir el mismo lecho
Supe enseguida que por siempre habría de amarte

Continuamos disfrutando del majestuoso nuevo día
Te llené de obsequios como prendas y un bello ramo
Estar juntos es la mejor sensación de nuestras vidas
Dijiste gracias por los regalos declamando un te amo

No sabía que mas ofrecerte yo solo quería agradarte
Mas que un día era el inicio del resto de nuestra vida
Noté lo bien que te sentías al acariciarte y mimarte

Entre risas y juegos quise saber como tú te sentías
Hoy te quedabas y esta vez no pronunciarías; adiós
Suspiré al confirmar que eras la mujer de mi vida
Por eso di un grito de júbilo y exclamé gloria a Dios!

Por: Roberto Berberena Collazo

Versos de Amor...

Estos versos de amor son para ti
A ti que prácticas el amor con frenesí

No quisiera que esto fuera poesía sin valor
Con respeto te dedico estos versos de amor

Quiero revelar el secreto y que no sea misterio
Me encanta embromar pero esto es en serio

Se que al amar uno se corre un riesgo
Pero cuando tu no estas solo en ti pienso

Quizás al amarte me hagas muy vulnerable
Pero lo que importa es que tú eres adorable

No quiero ser cursi pero sí, te he aprendido amar
Así será hasta que el eje de la Tierra parta como cristal

Tendría que secarse el mar y desaparecer la Luna
Que las montañas sean playa y que no tengan dunas

Quiero una cena junto al mar con velas que creen brumas
Brindaremos con champagne y que me bañen tus espumas

Por: Roberto Berberena Collazo

Sigue las Señales...

El amor verdadero nace de la luz,
Si es genuino hay fidelidad y pulcritud
Definido como sentimiento pero es una virtud

Siempre procuramos las mejores cualidades
Al enamorarnos nos hacemos muy vulnerables
Como distinguirlo? Simplemente sigue las señales...

Si dice mentiras y llega tarde todo el tiempo
Ten mucho cuidado evalúa sus sentimientos
Si te ama tú debes ser prioridad, evita sufrimientos

Quien te ama siempre te dará lo mejor
Si trae algo del jardín será la mejor flor
Al regalar perfume es de un fragante olor

Debes estar alerta de quien solo quiere pasar el rato
No te levantará la voz, ni dará otros signos de maltrato
No querrá controlarte, será cordial, sin iras, ni arrebatos

Siempre habrá respeto y te tratará con dulzura
Sin importar tu pasado te intimará con ternura
Al besarte te llenará y te hará subir a las alturas

Si es caballero siempre te tratará como una dama
Nunca te hará sentir dudas demostrará que te ama
Independiente si eres sencilla o con la mayor fama

Siempre debe ser romántico como príncipe en su túnica
Te hará sentir que no solo eres la más bella si no la única
Sobre todo no tendrá miedo ante un altar estampar su rubrica.

Por: Roberto Berberena Collazo

ROBERTO BERBERENA COLLAZO

¿Novia Mía?

Espero por ti linda mujer
Quiero sentirte cerca de mí
Iremos juntos hasta el mar
Allí confiaré que te quiero amar

Podríamos correr y dar vueltas
Parecer dos chiflados alegres
Jugar a que salimos de pesebre
Que el amor los torna en célebres

Quiero saber lo que hay en ti
Saber si también me quieres a mí
Estoy soñando que digas que sí
Nadie podría apartarte de mí

Solo tu voluntad, me apartaría
Si dices no, me tendré que marchar
Si dices quizás… por ti esperaría
Si te extiendes voy a desesperar

Cuanto ansío que tu me digas que sí
Una respuesta afirmativa me hará feliz
Será el clásico vivieron felices hasta el fin
Te amaré por siempre sin ningún desliz

Tu sí vales cualquier buen esfuerzo
No soy prefecto, tampoco perverso
Serías la nota con mejor armonía
En fin, quiero que seas la novia mía

Por: Roberto Berberena Collazo

Mi Diamante!

Elemento esencial eres tu mi diamante
De corte perfecto, el más brillante
Proyectas un bello reflejo, eres la más radiante

Eres la esencia de mis alegrías
Me brindas estimulo y valor
Propicias el primer motor de mis energías
Llenas mi vida con tu amor

Mi vida ahora camina
Con marcha fija hacia tu mina
Donde tu profundidad me cobija
Oh bella prenda, la más fina

Como buen diamante eres inalterable
Firme, estable, transparente e invariable
De características ópticas destacables
Y desde que besé tus labios eres inolvidable

Por: Roberto Berberena Collazo

Iguales En La
Desigualdad...

Eres tan caliente como el Sol
Pero a veces más fría que el hielo
No tengo que morir para llegar al cielo

A tu lado me siento como si tocara las nubes
Pero cuando me elevas, me sueltas y dejas caer
Me llevas a la realidad de lo que tenemos que ser

Siento como que he regresado a la escuela
Esto es como una película o una gran novela
Ya tuvimos la primera y espero por la secuela

Quiero ir a toda prisa pero me detienes
Cuando creo que te marchas es que vienes
Parece que sabes que enamorado me tienes

Siento que está en riesgo mi voluntad
Lucho por mantener mi viril dignidad
Pero solo hay oscuridad sin tu claridad

Que opaca es mi vida sin tu brillo
Quiero tejer contigo un lino de fino estilo
Es como si yo fuera aguja y tú el selecto hilo

Creo que tengo un gran dilema
Deseo de la pista del amor despegar
En cambio tú me induces a aterrizar

No es que me agrade el disputar
No quiero hacer de este amor una fanfarria
Te siento muy igual aunque me lleves la contraria

Solo tenemos que acordar a saber diferir
Admiro tu seguridad y no te quiero dirigir
De igual a igual felices podemos convivir

Por: Roberto Berberena Collazo

Tu
Café

Mi primer pensamiento del día eres tú
Mis labios quieren saborear de tu virtud

Brindas un rico aroma y también el mejor sabor
Despiertas mi ser con la promesa de tu amor

Negro o con leche, cortadito, oscuro o trigueño
Tu color agrada la vista de este puertorriqueño

Eres esencial en mi vida como un buen desayuno
Con o sin azúcar en mis sueños eres número uno

Tu aroma, tu sabor y tu cuerpo son un regalo de fe
Bendiciones a mi bella Reina; tú eres el mejor Café

Por: Roberto Berberena Collazo

Solo Necesitas Desamor
Para No Ser Feliz

Se Acabó el Café...

Llegué a beber de tu elixir y pensé que era bueno
Pero tu amargo amor resultó ser como un veneno

Quise acompañar tu café con obleas y queso
Pero tu cafeína fue tan agria como tus besos

Me ilusionaste a través de la mística del nuevo correo
Me citaste y algo tuvimos pero para ti fue un recreo

Te vendiste como espiritual y llena de ternura
Empero eres como dama de noche; no muy pura

Tu historial aventurero viene desde tu adolescencia
Has tenido múltiples parejas y vives de apariencias

Luces seráfica pero compites para la mas que ruja
Parece que naciste en una noche de fiesta de brujas

Una vez pensé que cualquiera otra sería un consuelo
Pero el brebaje de tu café solo me causó desvelo

Un sueño se puede tornar en pesadilla que estremece tu fe
Ahora lo que tomo es té, no hay insomnio porque se acabó el café.

Por: Roberto Berberena Collazo

Ave de Paso

Llegó a mi vida y me conquistó
Supo llenar todos mis vacíos
De mi corazón se apoderó
Era cálida entre las sabanas y en el frío

Un día se marchó al llegar la aurora
Desapareció y voló alto como un cometa
La extraño a cada minuto y a cada hora
Súbitamente se han cambiado mis metas

Ella se fue pero todavía está presente
Su recuerdo martilla mis pensamientos
Parece que no podré sacarla de la mente
Todavía es soberana de mis sentimientos

No se cómo lidiar con este doloroso asunto
Deberé alejarme o buscarla con hincapié?
Van solo semanas pero parece un lustro
Esperaría por ella como un año tal vez diez

La buscaré como si eso fuera mi oficio
Pero no quiero ser como coyote testarudo
Quisiera evitar caer por algún precipicio,
Aunque su ausencia me ha dejado un nudo

Me causa angustia el pensar que no regrese
Quizás sea un mal sueño y nada haya pasado
Pero al despertar solo su recuerdo reaparece
No puedo creer que todavía no esté a mi lado

Mis deseos la imaginan regresando algún día
Añoro que el encuentro sea antes de mi muerte
Ya la veo en la distancia volando por la serranía
Tendré que ser fuerte hasta que cambie la suerte

No se si en su peregrinar fortuna haya tenido
A lo mejor de volar ya esté muy cansada
Deseo que regrese como un ave a su nido
Llegaría batiendo sus alas buscando ser amada
Esta vez seré yo el que le de calor y sea su abrigo

*Por: **Roberto Berberena Collazo***

Poesía Sin Valor!

El amor se nota en la mirada
Pero es más fácil notar sino existe
El corazón no admite que no hay nada
Y absurdamente en su esperanza insiste

Te amé, me sentiste pero te has ido
Sin querer creamos un ambiente tenso
No sé si me recuerdas o si me has sentido
Ni siquiera sé si te importan mis versos

Quizás mis notas sean solo eco o ruido
Entendí el dolor detrás de tu sonrisa
Hay un silencio ruidoso por haberte ido
Y pasos de algodón se oyeron por tu prisa

No lamento el tiempo que invertí
Fue una jornada que yo atesoro
Disfruto del recuerdo de lo que sentí
Al igual que el tiempo también eres oro

Fuiste exquisita de diversas maneras
Tu colorido tenía diferentes tonos
Nunca te veré como una quimera
Eras la primera de todos modos

Paso a una transición no deseada
Quisiera tenerte como mi amada
La mente ya renunció a tu mirada
Pero en el corazón sigue la llamarada

En la distancia de solo pensar te siento
No puedo apartarte ni al cegar mi vista
Trato de engañar al corazón y le miento
Se que no estarás y le pido que no insista

La soledad me quema y tu ausencia duele
Mi alma siente y padece un gran dolor
Suspiro; pero hasta el aire a ti me huele
Total si me lees dirás "otra poesía sin valor"

Por: Roberto Berberena Collazo

ROBERTO BERBERENA COLLAZO

El Amor Es Libre...

Amar con fuerzas pero tener que huir
Huir de la realidad de no poder amarte
Esperé por ángeles o fuerza que reforme
Eso fue exigir mucho, creo fue un dislate

Nuestro amor es fuego que calienta y destruye
Tu pasión me hizo volar alto, hasta las nubes
Sin dudas fuiste el amor mas intenso que tuve
Pero esta vez soy yo el que quiere libertad

Adiós a las noches de pasión, regreso al frío
Al frío de noches desoladas pero sin ataduras
Un amor puede atarte y quitar tu albedrío
Te quiero a mi lado, pero no valoras lo mío

Renuncio a ti porque el amor debe ser libre
No eres mi posesión tampoco yo la tuya
Del libro de mi vida no quites ni un tilde
Yo solo quiero que tu vida y la mía fluyan

Necesito fluir hacia mi propio destino
Por tu oscilación es mejor que te vayas
Hoy me pregunto si esto es un desatino
Pero ante los obstáculos se saltan vallas

Lo mío no fue un juego, pero no se si lo tuyo
Solo quiero tener paz y conservar mi libertad
Te digo adiós con el corazón lleno de aflicción
Pero el amor es libre nunca una terca adicción

Por: Roberto Berberena Collazo

Mesa Para Uno...

He preparado la más suculenta cena
Pero en lugar de estar alegre me da gran pena

Busqué los mejores ingredientes
Seleccioné el mejor vino y un presente

Elegí las más lindas y llamativas flores
Y asperjé la Sala con fragantes olores

Todo estaba listo, su plato favorito, pero olvidé un detalle
La mujer que amaba se marchó; pregunté pero nadie sabe

Adónde se habrá ido? Serán deseos reprimidos?
Miro doquier, y en el suelo pongo mi oído...

Se me olvidó que ya se ha marchado
Y que ahora muy solo me he quedado

Yo que afiné mis dientes; era a media luz con tenues velas
Negué la realidad en mi mente, ahora mi corazón se desvela

La hermosa mesa para dos es Mesa Para Uno
Vendrán otros amores pero como ese, Ninguno!

Por: Roberto Berberena Collazo

Chocolates Amargos!

La conocí un día al pasar por su propio trabajo
En la fábrica de dulces su tablero estaba apartado

Me fijé en su sonrisa y al instante quedé encantado
Le pregunté a una amiga si yo sería de su agrado

Sentía que sí, su sonrisa parecía haberme invitado
Pero no la supe leer o quizás yo estaba equivocado

Me dejé llevar por mis impulsos, ella era hermosa
Le había comprado chocolates y bellas rosas

La llamé por teléfono y me dio su información
Platicamos un buen rato y note su emoción

Me acordé de los chocolates para justificar mi entrada
La llamé varias veces pero permaneció callada…

Ponderé sobre como conquistarla, era mi nuevo antojo
Pero al volverla a llamar colgó lo que no vi con buenos ojos

Al otro día supe que tenía compromiso y pronto se casaba
Había vuelto con su novio al que ella realmente no amaba

Los chocolates se derritieron, y se tornaron muy amargos
Las rosas no fueron entregadas, todavía siguen marchitas

Pasaron muchos años y de ella nunca nada supe
Un día di con ella y me dijo: "mi vida no es dulce"

Me miró fijamente y preguntó, te quedan chocolates?
Fingí y dije no, pero por ella mi corazón todavía late!

Por: Roberto Berberena Collazo

Despedida de Año

5,4,3,2,1...

Época de ilusiones y de muchas resoluciones
Momento de pesar todas las alegrías y llanto
Tiempo del inventario de tristes desilusiones
Hoy me pregunto, por qué yo te quise tanto?

El año pasado tú eras lo más que yo amaba
Pero ahora eres como una verdadera extraña
Hice todo lo posible para que fueras olvidada
Celebro que por fin te saqué de mis entrañas

Durante el año viejo tú significabas mi todo
En el nuevo año eres solo un simple recuerdo
Reapareciste en mi vida llevándome al fondo
Cuanto disfruto de que sin ti estoy muy cuerdo

Mi resolución no fue bajar peso o mejor trabajo
Solo necesitaba sacarte del alma y del corazón
Como permití que mi estima llegara tan abajo
Al menos mantuve noción del uso de la razón

Eres como la pirotecnia, es decir, fuego artificial
Me olvidé del ruido interior por tu bella apariencia
Me hice sordo del alma por alguien tan superficial
Más que la vista perdí visión pero no la conciencia

Llegó la hora doce, sonaron campanas y petardos
Miré al cielo dando gracias por su divino consuelo
No entiendo por qué para olvidarte me tardé tanto
Ya deseché tu desengaño; Que Viva el Nuevo Año!

Por: Roberto Berberena Collazo

Poema de la Despedida

Bendigo tu despedida así como bendije tu llegada
Fue una delicia besarte y era tan sutil tu mirada
Te recordaré como lo que fuiste; mi dulce amada!

No puedo olvidar tu sensual y bella sonrisa
Ni comprendo por qué nuestro fuego ahora es cenizas
Tu recuerdo me golpea y al pensar en ti la piel se me eriza

Siento que fue un esfuerzo apasionado pero incompleto…
Todo nuestro tiempo de lindas emociones estuvo repleto
Qué impulsó nuestro ardor, la pasión o que era un secreto?

No sé si algún día encontraré un amor que me de consuelo
De las noches que de ti me acuerdo, pierdo el sueño y me desvelo
Te llamé con muchos nombres y por siempre serás mi anhelo

Todavía en mi atabal suena tu dulce voz
Hoy pudiera decirte tantas cosas ante Dios
Me basta bendecirte y simplemente decirte adiós!

Por: Roberto Berberena Collazo

Hasta Siempre!

No podré darle gusto a mi vista al tu no estar
El arco iris que formaba tu sonrisa desvaneció

Ya no reiré con tus ocurrencias
El deleite ante tu ausencia se esfumó…

Derrochamos tiempo o quizás lo invertimos
Mía fuiste, tuyo fui, pero el apego se disipó

Mi cuerpo no sentirá tus caricias
El perfume de tu piel; se evaporó

Mi corazón gozaba de fuertes latidos
Pero el amor que teníamos terminó

Mi mente me transporta adonde íbamos
Ahora iré a la deriva pues mi rumbo se perdió

Quiero desearte que seas feliz toda la vida
Aunque tu partida me cause dolor

No puedo decir un simple hasta luego,
Diré *hasta siempre* por culpa del amor.

Por: Roberto Berberena Collazo

EL AMOR ES GRIS...

Sí, es mucho mejor estar alegre que estar triste
El amor y la alegría son de lo mejor que existe
Pero que gris es la vida desde que tú te fuiste

Recuerdo cuando juntos contemplábamos la naturaleza
Que lindo era su puro verdor ahora es como grotesca maleza
El mar luce repugnantemente gris ahogando su lindo turquesa

Creo necesitar anteojos; noté que el verde se ha tornado gris
El azul del mar me parece rojo y las luces tienen otro matiz
Necesitaré de una optómetra que a mi daltonismo le de fin

Contigo mi vida era un lindo arco iris con el mejor colorido
No se adónde te has ido, nublando mi vista y mis sentidos
Voy ciego, desorientado, afligido y ni se como he resistido

El tiempo transcurre y en la noche parece que las estrellas se han ido
Mi corazón sufre de irregulares latidos y me siento tan compungido
Hasta los jardines han perdido su color y sus rosas carecen de brillo

Voy por nuevos senderos buscando el color que gocé una vez
Vivir sin ella es mi triste jornada cromada de gris sitiada de rojez
No quiero dramatismo pero urgen nuevos tonos antes de mi vejez

Por: Roberto Berberena Collazo

Desazón...

Cuanto falta para que la agonía desaparezca
Hay tanto dolor, la lista es muy extensa
Fuimos de prisa, ahora la pasión es lenta

A dónde se fue nuestro amor?
Cuándo fue que se tornó en desamor
Que propició este infernal calor?

En que momento se extinguió la llama
Pensé que nunca se ahogaría la flama
La entrega pasó de todo a nada

No es un asunto de echar culpas
Caímos en traiciones absurdas
El egoísmo podó las raíces pulcras

Abonamos el vicio que nos consumió
Abusamos de lo que nos divirtió
Le empacamos las maletas al amor
El corazón se rindió y nos dijo adiós

Por: Roberto Berberena Collazo

!Te Vas!

Desde que perdí a mi amor
Me siento en desolación
Creo me engañé,
Pero juro que perdí,
Lo que era un gran amor

Como quiera yo aprendí
Copas brindo yo por ti
Te juro te querré
No te olvidaré
Y ahora entonaré…

…Te vas, te vas, te vas,

Sí, te vas a otros brazos y rumbos
Te recuerdo y por ti respiro profundo
No creo hay otra como tu en este mundo
Lo peor es que sin ti estaré dando tumbos

Ahora que perdí a mi amor
Buscaré llenar este gran vacío
No quiero llorar, pero como payaso me río
De la ruta a la felicidad sufrí un frío desvío
Tengo que luchar para no hacer desvaríos

Ahora que se fue mi amor no se que haré
Caminaré, la buscaré, sufriré y quizás lloraré
No perderé mi tiempo se que no la encontraré
Divagaré hasta llegar a un monte y allí entonaré…

….Te vas, te vas, te vas…

Por: Roberto Berberena Collazo

Sin Tí...

Aprenderé a vivir sin ti
Seguiré mis sueños, sin ti

Me haré prospero, sin ti
Llegare muy lejos, sin ti

Alcanzaré mis metas, sin ti
Tendré salud sin ti

Tomaré el mejor café, sin ti
Destaparé el mejor champagne, sin ti

Me he propuesto ser feliz, sin ti
Caminaré por lindas veredas, sin ti

Viajare y disfrutaré la vida, sin ti
Conquistaré parte del mundo, sin ti

Tendré los mayores éxitos, sin ti
Empero, mi corazón no latirá igual, sin ti

Por: Roberto Berberena Collazo

Puerta Cerrada!

Por un tiempo permití que te quedaras en la puerta
No entrabas ni salías preferías quedarte cerca
Nunca pude entender tu actitud de obstruir otra oferta

Me quedé esperando que triunfara mi amor
Te entregabas sin importar la falta de honor
Pero tu solo ganabas tiempo para infligir dolor

Llegabas, desaparecías y decías que amor sentías
Empero te ibas de noche para regresar en otro día
No te importaba mi angustia solo lo que tú sentías

Repentinamente desapareciste, pero llamaste al estar triste
Tu nuevo amor no te trataba como la mejor que existe
Yo me mantuve ecuánime, añorando lo que para mí fuiste

Pero ya no quiero las migajas de tu amor ni el sabor de tu alpiste
La puerta se cerró, no abriré sin importar cuanto suene el timbre
Eras lo más que amaba, pero medité que ahora por fin soy libre!

Por: Roberto Berberena Collazo

Pétalos y Espinas!!!

Tu, escogiste salir de mi vida
Empero parte de ti está en la mía

Siempre dije que eras como una Rosa
Te llevaré muy dentro en verso y en prosa

A veces siento que me hincan tus espinas
También siento tus pétalos, que sanan heridas

Al perderte me sentí sin rumbo, casi a la deriva
Más doy gracias al Creador por tener mejor vida

Hoy quedan hojas marchitas y el perfume de tu olor,
La fragancia que emanó de tus pétalos disipó el dolor

Seguirás siendo mi sueño y mi ilusión
Y la Rosa espetada dentro del corazón

Pero tus espinas me atarán como lazo
Mientras imagino que estas en mis brazos

Por: Roberto Berberena Collazo

...Tiempo de Perdonar...

El negro manto de la noche se ha esgarrado
No entiendo por qué se perpetúa esta agonía
Llegó un nuevo día y el corazón no ha sanado

La bella ilusión fue efímera y como tal terminó
Duelen las mentiras que el viento no se llevó
No olvido, pero es tiempo de propiciar perdón

Quizás no lo mereces pero es tiempo de perdonar
Al mirar el Sol su energía indujo deseos de sanar
He comprendido la pura belleza de lo que es amar

La fuerza del amor purifica y suprime el dolor
No es asunto de culpar, es cuestión de trascender
Hay que aprender a amar para superarse y vencer

Ciertamente el perdonar no cambiaría el pasado
Empero tiene la capacidad de cambiar el futuro
Y al presente le propicia armonía casi de seguro

Ahora no es el tiempo de buscar faltas externas
En realidad es el tiempo de arreglar el interior
No dejaré que ni una gota de odio riegue mi corazón

Me ocuparé de extirpar las raíces de amargura
Es necesario elevarse hacia nuevas alturas
Desde allí el Sol escaldará lo que quede de dolor

Es tiempo de perdonar y de llegar a la liberación
He estado preso entre las paredes del agrio rencor
Al perdonar el preso que recibe libertad, soy yo!

Por: Roberto Berberena Collazo

Sensualidad y Belleza Femenina...

Quisiera Ser Mujer...

Quisiera ser mujer para aprender a ser fuerte ante el dolor
A saber lidiar con la pena y afrontar la adversidad con tesón

Quiero aprender de sus cualidades, a pesar de ser marginadas
Llevan doble carga, pero sacan tiempo para tareas asignadas

Quisiera ser como Maria Teresa de Calcuta, ejemplo de amor
Sacrificó su tiempo para llevar esperanza a gente en desolación

Quisiera ser como Evita Perón que tomó las riendas de una nación
No toda decisión fue acertada pero su brío es digno de admiración

Quiero ser como la Santa Maria quien no huyó como hizo Pedro
No solo la admiro como auxiliadora también por como usó el cerebro

Quisiera tener la determinación de mi madre y la dulzura de mis hijas,
Quiero tener la bondad de mi hermana y la intuición de tantas amigas

Quiero la visión de Magda Campoamor, pedir sus ojos sería pretencioso
Envidio el intelecto de Isabel Allende y de Frida sus cuadros preciosos

Quiero la espiritualidad de Evelyn Ruiz, me ayudó a superar lo que sufrí
Dedico estas líneas a las mujeres que defienden causas justas con frenesí

Por: Roberto Berberena Collazo

La Magia de un Beso...

Si, he besado otras bocas
Pero ninguna como la tuya
Al besarte el cielo se hizo lluvia

Fue suave y fuerte
Sentí magia al tocar tus labios
Recibí energía del Sol con sus rayos

Comenzamos a bailar con ritmo labial
Se unieron pulmón y corazón en latidos
Fue una fusión de los cinco sentidos

Del día llegó la noche como acto de magia
No se si fue real pero parecía sensual rabia
Brilló la bella Luna en la medianoche

Penetré en tu mirada y acaricié tus cabellos
Suspiramos quedando ciegos del entorno
Ya sudábamos con el calor del frío horno

Sentí un mágico zumbido por los oídos
Inaudible fue el arrullo de tus gemidos
Me fui al espacio pero recuperé los sentidos

Despertamos recreando la magia de aquel beso
Fue mucho más que unir nuestros labios
Implicó alzar un viaje al interior sin regreso

Los fluidos de tu espuma tienen un dulce sabor
Tu savia es romántica, da fuerza y provoca
La magia de tu beso propicio el encanto del amor

Por: Roberto Berberena Collazo

Ojos Azules

Pensé que el mar era azul hasta que ví tus ojos
No lo digo por adular pues ante tu presencia me sonrojo

Tanto el azul del cielo como el del océano son reflejos
Empero el azul de tus ojos es verdadero aun de lejos

La belleza de tus ojos refleja tu interior, con mucha virtud
Y en este mundo nadie tiene la belleza en alma que tienes tú

Eres un ser de luz y tu alma proyecta tus cualidades y claridad
No hay otra que refleje de la luz lo más bello que la vez infunda paz

El mar tiene dulces ruidos y su hermosura se pinta en lienzos
Pero cuando en ti pienso, en mi corazón el mayor ruido es tu silencio

Ya no voy a la deriva tus ojos son de mi rumbo el Faro
Evitan que sea naufrago y compartir contigo es el mejor regalo

Por: Roberto Berberena Collazo

¡Eres Bella!

Eres tan bella que me quedaría contemplándote
El tiempo se detiene y estaría por siempre esperándote

No hay nada mas lindo que la gracia de tu faz
Tu mirada y tu dulce voz me infunden paz

Tus labios son portadores de la más bella sonrisa
Como energizante rayo me cautivas y electrizas

Eres suave y fuerte como las nubes y sus truenos
Tu aliento me da fuerzas y tu amor es del bueno

Tu nombre suena como música a mis oídos
Haz cambiado mi vida y todos mis sentidos

Si tu fueras guitarra yo sería el eterno guitarrista
Interpretaría acordes sobre como incitas mi vista

Consolaste mi tristeza con la belleza de tu interior
Portas las cualidades y tu sencillez te hace superior

Eres tan suave como el rocío sobre las rosas
Como Luna llena silenciosa, radiante y preciosa…

El más ardiente Sol pudiera llegar a secar el mar
Pero no podría evaporar nuestra manera de amar….

Por: *Roberto Berberena Collazo*

Dama y Flor

No cambies lo que amas tal como es...
Por qué cambiar lo que te atrajo como era
Estaba derecha por qué la quieres al revés

Es como quitarle los pétalos a una flor
Era hermosa pero al sacarlos se destruye
Así sucede cuando lastimas a una mujer...

Nunca lastimes a una dama deliberadamente
Aunque fuerte y con espinas también es delicada
A ratos difícil de entender; solo descifra su mirada

Jamás trates a una fémina como tu posesión
Reconoce sus cualidades con genuino amor
Dale el valor que tiene, es digna de admiración

Por: Roberto Berberena Collazo

Manjar de Amor

Miré a tus ojos y ví el amor
Me invadió la felicidad
y una gran emoción...

Penetré tu mirada y llegué al corazón
A mi deleite diste una pincelada
Y a mi alma una canción...

Reí a carcajadas olvidando los de al lado
Danzamos, solo importábamos tu y yo
Nos invadió una dulce tentación...

Era el manjar del deseo de hacer el amor
Quizás no era lujuria pero si una gran pasión
No era entrar al cuerpo fue como salir de el

Nos confundimos en placer
Y saciamos una gran sed
Nos invadió la excitación y un no se qué...

Nos elevamos a las estrellas
Unidos en gran apego...
Me alumbró el brillo de tu estela
Que encendió el interior en fuego

Por fin la vida me huele a rosas
Ya no habrá más desvelos ni dolor...
Eres mujer maravillosa y que viva el amor!

Por: Roberto Berberena Collazo

Garota de Brazil...

La vi un día en un Restaurante y la saludé
No me entendió y le pregunté parler français?

Comprendí que era otro idioma pero no el francés
Me sentí como Paul McCartney con su Michelle

Seguía como por señas, wow que hermosa trigueña
Lancé todos mis piropos y deduje que era brasileña

No sabía que decirle pero era tan y tan linda
Me acordé de Caetano y le dije, "Socé e linda"

Quería decirle tantas cosas pero desistí
Era mi cumpleaños y ella fue tan gentil

Fue muy atenta y tenía una tierna sonrisa
Platicamos pero las faenas marcaron prisa

Yo no podía cambiar mi vista para nada
Continué disfrutando de su sensual mirada

Ella es la mujer más hermosa que yo he visto
No es exageración, es la más bella, yo insisto

Comencé a fantasear con ella y me aparté de la realidad
Al otro día regresaba pero no he olvidado aquella beldad

Yo quedé hechizado con la gracia de aquel cuerpo y bello rostro
Hoy la recuerdo como siempre, todo fue en aquel mes de agosto

Por: Roberto Berberena Collazo

La Más Bella de los Ángeles

Anoche me sentí como un vulgar plebeyo
Conocí la mujer con el rostro más bello

Esa dama parecía una diosa de la belleza
Su porte y su gala son de la pura realeza

No era solo su aspecto de los pies a la frente
Era muy profunda, articulada e inteligente

Yo no se si lo notó el resto de la gente
Pero me sentí hipnotizado muy de repente

Admiré su rostro, su pelo y también su gracia
Recordé los lindos sueños de mi infancia

Siempre soñé con una mujer de esa elegancia
Pero más que su físico era toda su sustancia

Al escucharla me impacté con su elocuencia
Es de las personas que hacen una diferencia

Fue como un encuentro con Ángeles del cielo
Mi mente voló a una escena subiendo su velo

Hoy al levantarme realmente me siento confundido
Nunca soy envidioso pero sí, envidio a su marido.

Por: Roberto Berberena Collazo

Obsesión!

Hace tiempo no te veo pero donde quiera veo tus ojos
Pienso en tu bella sonrisa a pesar de estar muy lejos
Al mirar las estrellas se parecen a ti con sus destellos

Cierro mis ojos y te veo en la oscuridad del pensamiento
Es una extraña sensación, no se si es infierno o la gloria
Quisiera esconderme de tí, pero vives en mi memoria

Es como si me persiguieras con gimnasia expiatoria,
Pienso en ti como una mujer demasiado seductora
Es como si quisieras irte para llegar con maniobras

Descubrí que eres apasionada, complicada y conflictiva
No obstante, busco tu esencia como una droga adictiva
Sin tí me siento muerto pero tu sensualidad me da vida

Es como si mi corazón tuviera obsesión en ganar tu amor
Puede parecer un juego peligroso que juego con pasión
No quisiera ceder ante tus besos con esta loca obsesión

Estimulas mis cinco sentidos y solo tu regulas mi calor
Busco el dulce de tu miel al saborear de tu exquisita flor
Quiero seducirte he ir llevándote pero tu tienes el control

Deseo acariciarte y provocar que tu cuerpo pueda vibrar
Corro a confundirme en ti y tú en mí de la cabeza a los pies
Voy a quitarte el frío para que derritas en mí toda tu miel

Ya confundidos en música tántrica mantendremos el ritmo
Será audible la melodía de tu cuerpo y el calor de su pasión
Quiero embriagarme de tus besos y conservar esta obsesión.

Por: Roberto Berberena Collazo

Roxanna...

Roxanna, su nombre corresponde a la más bella dama
Noble, dulce y sensual parece una princesa encantada

Su cara es una hermosura, la más linda que se pueda ver
Su cuerpo es el más seductor que una mujer pueda tener

Nunca antes había quedado tan cautivado
No puedo creer que ya me haya enamorado

Ahora se lo que es amor a primera vista
Ella es la obra maestra de un gran artista

Portadora de la más bella figura y estelar apariencia
No solo es lo físico su caso es belleza con sapiencia

Busqué las señales y por fin di con la mujer de mis sueños
No me digan que es muy tarde o que es un vano empeño...

Por: Roberto Berberena Collazo

A Gente Muy Especial...

Roberto Clemente Walker
#21

Era un majestuoso jugador que utilizaba el número 21
Para su Patria Borinquen por siempre será el número uno

Roberto Clemente Walker uno de los mejores en la historia
Como hombre y jugador más valioso estará en nuestra memoria

Es de Puerto Rico y América Latina su mejor pelotero
No solo por sus destrezas sino por ser un caballero

De cuna humilde pero con un toque de realeza
Sus cualidades fueron reconocidas por su gentil nobleza

Pereció ayudando a la gente que sufrió un terremoto
Hasta su último momento fue el más fervoroso

Nicaragua lo llora, Pittsburg y Puerto Rico lo veneran
Nunca lo olvidan sus compatriotas, sus hijos y Doña Vera

Sus habilidades atléticas eran dignas de admiración
Pero sus cualidades humanas todavía son inspiración

A Roberto Clemente siempre le estaremos agradecidos
Aún nos duele que por el cielo y el mar se nos haya ido

Por su gran talento fue exaltado al Salón de la fama
Y por su carácter estará en el cielo con inmortales alas

Por: Roberto Berberena Collazo

Casanova...

Dedico estas líneas a un gran ser humano y amigo
Ha estado en las buenas y en las malas conmigo

Su respaldo hacia mí ha sido absoluto
En las alegrías y penas aún en momentos de luto

Que bueno poder contar con sus sabios consejos
Su sabiduría me ha acompañado de cerca o de lejos

Mi amigo es una persona muy inteligente
Es todo un profesional admirado por la gente

Productivo, honesto y noble, pero de carácter fuerte
El contar con su sincera amistad es mi gran suerte

Hemos jugado billar, dominó, rumbeado y hasta de Bossa-Nova
Hoy quiero agradecer y desearle bendiciones a José Casanova!

Por: Roberto Berberena Collazo

Lennon & McCartney

Llegaron a revolucionar al mundo occidental
Alcanzaron éxitos en el difícil mundo oriental

En las Américas se convirtieron famosos
Su música popular tenía un ritmo fabuloso

Las multitudes deliraban en incontrolable algarabía
Su contagiosa música estaba llena de energía

Chicos pobres que se tornaron en los mejores compositores
Han pasado los años pero siguen siendo de los mejores

De imaginar, soñar y amar cantaron por todo el Planeta Tierra
Son los principales embajadores del amor de la combativa Inglaterra

A veces fueron irreverentes pero siempre les importó la gente
Lennon no era el único soñador, lo extrañamos aun en su muerte

McCartney cantó que al final el amor que te llevas es igual al que das
Gracias a John, Paul, George y Ringo por cantarnos sobre amor y paz

Por: Roberto Berberena Collazo

A Don Pablo Neruda
[Bibliografía poética]

Neftalí Ricardo Reyes Basoalto, tienen dudas?
Es el verdadero nombre de Don Pablo Neruda

Poeta, escritor, artista, político y humanista
De los grandes poetas de la historia y primero en mi lista

Don Pablo tuvo una vida productiva hasta su muerte.
No los quitó el cáncer, esa es nuestra mala suerte

Por fortuna nos queda su legado y su hermosa poesía
Fue uno de los grandes activistas, de la libertad su policía

Don Gabriel García Márquez un buen día lo llamó;
Mejor poeta en cualquier idioma del Siglo que nació.

Hoy lo recordamos con mucho respeto y admiración,
Él trascendió sus fronteras para beneficio de toda nación.
Nos dio gozo con su obra, su poesía era la mejor canción

Por: Roberto Berberena Collazo

Si Fuera a Escoger Una amiga...

Si solo pudiera tener una amiga, serías tú
Puedo enumerar tantas de tus cualidades

Te escogería a tí, porque eres varias en una
Eres una combinación del Sol y bella Luna

Como Luna me alumbra tu brillo como Sol tu calor
Tienes bello colorido, diversa con más de un color

Fuiste pincelada por el mismísimo Dios
Eres fina y delicada con una dulce voz

Gozas de bella apariencia y de inteligencia superior
Pero eso no te hace altiva tu humildad te hace la mejor

Tienes una bella alma que calma al impetuoso
Te distingue una gracia que brinda paz y gozo

Conversar contigo es como leer el mejor libro
Tus consejos son tan sabios que los llevo de abrigo

Una vez pensé que el mar tenía el más bello azul
Hasta ver tus ojos difundiendo su brillante luz

Esa luz es como el reflejo de tu sensibilidad
Entiendes la vida, con intelecto y espiritualidad

Amas los animales como si fueran gente
Respetas su espacio como seres vivientes

Eres bella, noble y ecléctica pero sencilla
Por eso te escogería para tener otras vidas

Hablar contigo es la mejor música a mis oídos
Eres la persona mas integra que yo haya conocido

Te envió los mejores pensamientos y la bendición de Dios
Por ti siento admiración; sí escogiera a una sola sería a vos.

Por: Roberto Berberena Collazo

Jesús El Nazareno

Quién dices que es?
Dios, Maestro, Profeta o él que murió y llegó a la resurrección.
Independientemente de lo que digan, es fuente de bendición

Quizás no lo aceptes como Dios pero recibe su mensaje
Benignidad, perdón, esperanza, su amor y paz son insuperables
No pagues mal con mal, ama a tus enemigos y eso es admirable

Si sigues sus enseñanzas confirmarás lo de buen maestro
A su mensaje de amor y paz debes estar siempre atento
Práctica sus palabras y superarás muchos tormentos

No lo juzgues por lo que hacen algunos de su feligresía
A amar al prójimo como a uno mismo siempre nos decía
También a poner el cachete en diferencias, así era su valentía

Además del amor nos enseñó la tolerancia al diferir
El respeto a gente muy diferente él sabía distinguir
A los que le siguen amor y perdón les quiere exigir

Solo quiere que luches en paz sin espadas
Es típico cuando en la adversidad te enfadas
Pero el no quiere malas acciones; para nada

Si te haces llamar cristiano y el nombre te quedara grande
Has como su sierva Maria Teresa que luchó contra el hambre
Solo se te exige caminar en rectitud no que por las aguas andes

Jesús defendió a pecadores o los que profesaban otra visión
Afirmó quien le imite recibirá perdón, bendición y salvación
Sí, lo que vence al mundo es el amor y la fe; no la religión…

Por: *Roberto Berberena Collazo*

Dios, La Vida...
Y Algo Sobre la Muerte...

Arriba

Arriba están La Luna y Las Estrellas
No se cual es más bella de todas ellas

Arriba está el único Dios del Universo
Ese que en silencio sabe lo que pienso

Arriba están el majestuoso Sol y las Nubes
Medito todo lo bueno que tengo y que tuve

Arriba esta todo de lo que El Creador es dueño
Seguiré buscando arriba hasta cumplir mi sueño!

Por: Roberto Berberena Collazo

Gracias Dios...

Gracias…
Por mi familia, por mi país y el lugar donde te adoro
Son todos más preciados que el más brillante oro…

Gracias…
Por mis amigos(as) por mi sustento, por mis sueños y aspiraciones
Son el dínamo de mis retos, metas, triunfos e ilusiones

Gracias…
Por el amor, la fe y la esperanza
En cada minuto de alabanza mi alma en ti descansa

Te expreso gratitud por la paz que gozo y por la salud
Te exalto, por los milagros, proezas, y tu divina virtud

Gracias…
Estoy maravillado por la belleza de tu Creación que puedo contemplar,
De la música de los arroyos, los ríos, las cascadas y el inmenso mar…

Gracias…
Das de ti todo lo mejor, transformando los ruidos en grata canción.
Conviertes la muerte en vida, el odio, en amor y el rencor en perdón.

Gracias
Por las niñas y los niños en ellos el ciclo de vida continúa
Por la juventud, por su energía nuevos cambios se realizan

Gracias…
Por los adultos y ancianos, por las diferentes culturas
En la diversidad de todas ellas tu sabiduría se perpetúa

Gracias…
Por no ser solo un Dios de Monte Santo o de las alturas
Bajas al valle y la llanura como tierno Padre con su dulzura

Gracias…Por escuchar nuestro clamor
Aún con todos tus misterios nos recibes con amor

Por: Roberto Berberena Collazo

Canta Tu Propia Canción!

Canta tu propia canción
Escribe tu propio libro
Llena tu vida de amor
Afina tu propio oído

Por que copiar lo de otros
Bueno o malo no es tuyo
Refleja felicidad en tu rostro
Y de lo bueno siente orgullo

Es cierto que hay que mejorar
Descarta lo que sea superficial
En realidad solo necesitas amar
Procura ser una persona de paz

Vive entonando alabanzas
Dios quiere que seas feliz
Llena tu vida de esperanza
Perdónate cualquier desliz

El mundo no es perfecto
Pero primero cámbiate a tí
Ya conoces tus defectos
Perfecciónate hasta el fin

Que cuando se canten las verdades
Tu vida vocalice la mejor calidad
Busca tener buenas cualidades
Así tu melodía tarareará felicidad

Por: Roberto Berberena Collazo

Caminos y Veredas...

Hoy no pensaré en nadie más, pensaré solo en mí
Que no parezca egocéntrico
Pretendo recuperar el tiempo que una vez perdí

En la vida no soy el último refresco del desierto
Pero tampoco soy arena
Busco levantarme de caídas y vencer lo incierto

Estoy consciente de que en la vida existen ciclos
Algunos nada agradables
He lidiado con el dolor pero no formaré un circo

Tengo que empeñarme en corregir mis defectos
Cometí varios errores
Deseo enmendarlos y caminar hacia lo correcto

Anhelo la sabiduría para elegir un mejor camino
Hay veredas para escoger
Realizar mis metas es lo que siempre he querido

Al intentar triunfar no tengo el temor de fracasar
No puedo quedarme sentado
Solo llegan muy lejos los que se atreven ha llegar

No me asustaré si brotan nuevas adversidades
Para superarlas erigiré un puente
No sé si es hacia al lado, arriba o lo entrañable

Creo que hay otra vida después de la muerte
Pero no se cómo será
Caminaré confiando en Dios y hacia al frente

Comprendí que tiempo perdido no se recupera
Cavaré el pasado surcando mi presente
Voy al futuro en buen camino y buenas veredas

*Por: **Roberto Berberena Collazo***

¿?
Las Apariencias Engañan!!!

No todas las bellas o seductoras rubias son algo tontas
Ni las llamadas feas son muy inteligentes o simpáticas

No siempre los hombres fuertes o robustos son brutos
Ni todos los abogados, fiscales y jueces son muy justos

Muchas veces veremos que las apariencias nos engañan
Es como si los ojos estuvieran nublados por feas lagañas

Saturno no tiene ni un anillo, son piedras dando vueltas
Dalí fue genio de la pintura pero tildado de mente terca

Se dice que no hay peor ciego que el que no quiere ver
Y puedes tener buena vista pero no visión de lo que ves

Noten que la expresión todos juntos se escribe separado
En cambio la palabra separado siempre se escribe junta

Mentimos diciendo lo físico o material nunca es primero
Pero los hombres miran el trasero y las mujeres el dinero

Juramos amar y ser fiel eternamente ante un santo altar
Con el tiempo muchos se divorciaran en un frío tribunal

Celebramos los cumpleaños pero no queremos envejecer
Decimos que bueno es el cielo más no deseamos fallecer

Solo descansan en paz absoluta los cuerpos de difuntos
Cuando los vivos pensamos en muertes nos da un susto

Unos afirman que resucitarán y otros que reencarnarán
El Gran Combo duda al cantarnos y si no reencarno ná?

No vivas de apariencias y aprende de cada experiencia
No importa que digan de ti, importante es la conciencia

Por: Roberto Berberena Collazo

La Buena Suerte del Ahora

Hoy doy gracias a Dios por el hoy
No lo sé todo pero se por donde voy

Bueno o malo el ayer ya pasó…
No importa las veces que oigas a Paul McCartney
Ni si profundizas sobre que hizo Mahatma Gandhi

No pierdas mucho tiempo sobre el futuro
Acertará que la muerte es lo único seguro

Hoy es día de pensar en cosas sencillas y bonitas
Como los sentimientos de mis hijas y sus amiguitas
O disfrutar la interpretación de un buen flautista

Entierra rencores y elimina los celos
De eso padecemos todos como nos cantó Lennon
La ira, la envidia, el odio y recelos son el peor veneno

Hoy piensa en tu génesis donde todo alrededor es bueno
Problemas, situaciones, realidades, retos, lluvias y truenos
Son la inspiración de que en realidad el único límite es cielo

Piensa que tu mismo(a) tienes la solución de tus asuntos
No dejes que otros escriban el libro de tu propio mundo
Tala la maleza y limpia tu camino enderezando tu rumbo

Comparte lo bueno de manea alentadora
No olvides que el reloj cuenta tus horas
Disfruta de la buena suerte del ahora

Gracias a las experiencias del ayer
Que buena la posibilidad del fututo
Pero sin el hoy no hubiera ninguno

Por: Roberto Berberena Collazo

Eres una Obra en Proceso...

Alguna vez te has preguntado por qué me pasó eso?
Te abates y te olvidas que eres una obra en proceso

Quizás tomaste malas decisiones, pero detente!
No comiences a tratar de borrar tu pasado de repente

Una reflexión sosegada ayuda a desenredar tus nudos
A las pasiones negativas y maldiciones ponle escudo

Moldea tu mente hacia cosas maravillosas y positivas
Aprende de todos tus errores por el resto de tu vida

Es de humanos errar pero si algún día caes...revive!
Procura amar, aprender, reír pero sobretodo vive!!!

Se agradecido de lo que tengas y paciente para lo que venga
Traza metas y sueña pero no te desveles por lo que no tengas

No pretendas buscar la felicidad en alguien o algo exterior
Esfuérzate en mejorar perfeccionando tu propio interior

No culpes a otros por tus fracasos, en ti está la conquista
No pierdas el deseo de triunfar, ve adelante nunca desistas

Reorganiza tus pensamientos e identifica lo que te mortifica
No arrastres rencores ni raíces de amargura, tu vida purifica!

Disfruta la vida a plenitud, solo ten cuidado de los excesos
Nunca olvides que eres una obra en proceso hasta tu deceso
Ahora goza, ríe, se guerrero(a) hasta alcanzar el progreso!

Por: Roberto Berberena Collazo

Sobre la vida...

Al llegar al mundo se nace desnudo
El ser competente será tu mejor escudo

Si las cosas no van bien, no te asustes
En la vida siempre hay que hacer ajustes

Después del peor día
El siguiente no es tan malo

De igual forma luego de tu mejor día
El próximo no es perfecto

No sabes que te espera
Ni sabrás quién estará de tu lado

Naciste con muchas posibilidades
También tienes muchos defectos

Es bueno superarse y vencer lo incierto
Es importante descubrir que somos imperfectos

En tu peregrinar encontrarás enemigos
Empero la vida te regalará buenos amigos

Es impredecible saber quien te traicionará
Pero a la larga te hará madurar y reflexionar

Pelea la buena batalla de la fe, sin pereza
Camino que no se cuida se llena de maleza

Si amas a Dios no le sirvas por lo que te dé
Que se note que lo valoras por lo que Él es

Podemos retar brevemente al padre tiempo,
Desafortunadamente nunca podremos vencerlo

Lo mejor que haces es cuidar tu salud
Así retrasas llegar adonde se extingue la luz

Disfruta la vida que tienes por delante
No olvides que es solo una, no la mal gastes

Por: Roberto Berberena Collazo

¡Sorpréndete!

Te miras en el espejo y no estás contento con lo que ves
Se un guerrero(a) y a las viejas rutinas inflígele un revés
Gánale!

Te lamentas por dejar pasar oportunidades; cero penas
Estudia, lucha y trabaja busca una nueva carrera
Sorpréndelos!

Reconquista a tu viejo amor, regálale flores
Confecciónale el mejor plato con exquisitos sabores
Sorpréndela!

A la vida gánale tiempo con buena salud de año en año
Conviértete en un ser de bien, a nadie le hagas daño
Sorpréndenos!

Si religioso lee algo nuevo, si ateo investiga de lo divino
Dejen la pelea estéril no estaría mal un brindis con vino
Sorpréndanse…

Si eres un mediocre, busca un nuevo norte
Cambia de dirección hacia un buen camino…
Encuéntrate!

No te quedes estancado, fue mucho lo procrastinado
Queda tiempo para realizar lo que habías soñado!!!
Sueña…

Que esperas par ser un ser de luz?
Disfruta la vida a plenitud y vívela en gratitud
Agradece!

Se lento para la ira, pero reparte amor a toda prisa
Tórnate en un ser de bondad da cariño, abraza y acaricia
Ama…

Disfruta la vida de la mejor manera se feliz sin desenfrenos
Es bueno ser importante pero más importante es ser bueno!
Sorpréndete!

Por: Roberto Berberena Collazo

Mirando al Espejo

Miro al espejo y veo más allá del exterior
Creo estar contento pero no tan satisfecho
Al verme contemplo lo que hay en mi interior
Ya no es el rostro joven ni el tonificado pecho

No me preocupan mis arrugas, sí las cicatrices
No son cortaduras, son golpes sentimentales
Hice cosas buenas pero no hice todo lo que quise
Pero he sido feliz con oportunidades a raudales

No puedo ir en un redentor viaje hacia el pasado
Lo que pasó, pasó y simplemente se quedó atrás
Mi corazón y el cerebro relatan lo que he amado
He ganado y perdido y ha lo bueno puedo aspirar

Al mirar veo el hoy, uso el pasado como experiencia
De los errores se aprende; cero excusas o pretextos
Quiero ser espiritual, pero dando lugar a la ciencia
He comprendido que lo incorrecto nunca es correcto

En esa línea me dirijo, a lo bueno a lo justo y a lo noble
Atrás quedan los debates estériles y las frívolas luchas
Cambié mi vulnerabilidad humana a ser fuerte como roble
Enfoco mi vista a victorias de fe y confío que sean muchas

Por: Roberto Berberena Collazo

Peregrino...

Tú eres tan peregrino(a) como lo soy yo
No eres más ni menos, ni mejor ni peor
Algún día evaluarás por donde se caminó

Eres tan terrícola como cualquier animal
Eso no resientas ni nunca lo tomes a mal
Peregrinamos en el mismo Planeta Tierra

No importa si eres inculto, letrado o atleta
Caminarás por sendas que serán inciertas
Proponte llegar a la mayoría de tus metas

Es secundario lo que digas con la boca
Solo importa si tu amor una vida toca
Que tu espíritu sea fuerte como una roca

Que tus manos sean suaves al acariciar
Lento en irritarte y diligente al consolar
Ama profundamente y frena el juzgar

Puede que tengamos fecha de expiración
Sin embargo el verdadero amor es eterno
El odio, la ira y la maldad son el infierno

Hablas de otra vida pero en la que tienes desfalleces
Traza buenos objetivos optando por un mejor camino
Esfuérzate diariamente y así forjaras tu mejor destino

Ve y peregrina, del viejo y del joven debes aprender
Si otro te quiere imponer su ruta no le hagas caso
Hay que saber donde ir, también donde no volver

Por: Roberto Berberena Collazo

El Último Día de Mi Vida...

Yo no soy de hierro y se que algún día moriré
Un día llegará el fin y me llamará el paracleto
Pediré a Dios donde quiera que me encuentre,
Que mis hijas sean felices y saludables por completo

Rememoré sobre todo lo que me pasó en la vida
Recordé mi niñez, adolescencia, juventud y adultez
Viví lo suficiente para notar cambios en tecnología
Pasé por etapas de arrogancia y llegué a la candidez

He visitado muchas ciudades y tantos bellos países
Realicé casi todo tipo de sutiles locuras y aventuras
No importó donde hubiera estado regresé a mis raíces
Un día fingí ser médico y en otro me disfracé de cura

Lamento lo que no hice y de las veces que actué mal
Me gozo de lo que si realicé sobre todo el saber amar
Como a todos mi día era de 24 horas, pero no terminé
Pude hacer mas, llevó en mi alma lo mucho que amé

Ya no habrá ningún mañana, se me acabó el tiempo
Tuve muchos éxitos pero no logré todos mis sueños
No lo digo por reproche, ni siquiera por desaliento
Mi vida fue estupenda y logré casi todos mis empeños

Ahora me llegó el momento, en realidad no me quiero ir
Al partir mis hijas deberán estar desconsoladas y tristes
Pero les pido que mediten que por ellas siempre fui feliz
Se que tuve muchos defectos pero sepan cuanto las quise

Deseo decirle a mis amig@s y familiares cuanto los quiero
Que Dios les bendiga y reciban mi agradecimiento sincero
El tiempo siempre camina para el frente; nunca hacia atrás
Doy una encomienda y es que cuiden a mis hijas con amor
De todo lo que experimenté en mi vida, ellas fueron lo mejor

Por: Roberto Berberena Collazo

Regalo de un Angel...

Cavilé que llegarías a ser mía
No solo para un casual encuentro
Te pretendía para el resto de mi vida
Algo impidió que se diera lo nuestro

Te esperé pero había mucha distancia
Desde allá se reflejaba la luz en tu faro
Supiste calmar todas mis ansias
Por eso y mucho más te quería a mi lado
No entendí que tu espiritualidad era el regalo

Creo que fui un poco egoísta al pretenderte
Es que brillabas como el oro más fino
Pensé que Dios te enviaba de buena suerte
El amor es tan misterioso como el destino
Pero tu dirección me enfocó e hizo fuerte

No quiero que mi voz suene a reproche
Agradezco tu tiempo y tus consejos
Pienso en ti en muchas noches
Fuiste mi Ángel terrenal que vino del cielo
Y tu felicidad es uno de mis grandes anhelos

ROBERTO BERBERENA COLLAZO

Más allá de las montañas y allende los mares
Allá a la distancia cerca del Dios de los cielos
Allí vive un ángel que le sirve a ese gran Padre
Cumpliendo su voluntad con amor y gran celo
Sacrificó su juventud y ahora está en el cielo

Debes saber que te recuerdo y aún te quiero
Empero no requiero que dejes tus cosas
Solo aspiro que se me cumpla un deseo
Este es que vengas a mí vestida de rosa
Y que por un día te escapes del cielo…

QDEP… *Por: Roberto Berberena Collazo*

Celebra la Vida...

La vida es colección de eventos buenos y desagradables
Por qué afligirse cuando el mar bate sobre ti sus olas?
Mira la Luna y ve que bella a pesar de estar muy sola

Si en la noche ves un lucero y no lo disfrutas
En la mañana saldrá el Sol con la luz de la nueva aurora
Por qué preocuparte por el futuro lejano, deléitate en el ahora

Se optimista aunque se afecten tus sentimientos
El amor verdadero nace de tu interior, de tu propia luz
Renace nuevamente suprime todo error aun los de juventud

Pareces olvidar que siempre hay una nueva oportunidad
El triunfo está muy cerca si combates cualquier adversidad
Desarrolla tus destrezas y procura tener la mejor capacidad

Si enfrentas una delicada enfermedad no te eches a sufrir
No desperdicies tiempo ni te sientas persona digna de pena
Establece prioridades y celebra la vida haciendo tus faenas

Enfrenta temores con tu frente en alto creando tu propia aureola
Sueña, viaja lejos pero no dejes que nadie maneje tu alfombra
No puedes alcanzar la felicidad siendo de alguien su sombra...

Roberto Berberena Collazo

Te levantas buscando el Sol, pero al salir está lloviendo
Vive el momento, deja que cada gota refresque tu cuerpo
Empápate, piensa que no hay lluvia en el desierto

El tiempo corre y se nos va la vida, celébrala!!!
Procura ser feliz aunque tengas notas amargas
Celebra la vida no importa si es breve o larga

Por: Roberto Berberena Collazo

Fabulas, Metáforas & Crítica Social...

Conversación
con un Árbol

Un día caminaba por un pequeño y bello bosque
Me acosté debajo de un viejo árbol ha descansar
Fue tan maravilloso que permanecí hasta la noche
Quedé dormido, entonces el árbol empezó a hablar

~¿Estoy soñando? ¡No es posible hablar contigo!
*Hombre, nos parecemos más de lo que piensas
Te aconsejaré pues compartes el mundo conmigo
Contempla, reflexiona y suelta todas tus riendas

Esta bien, escucharé todo lo que tengas que decir
Vaya, por fin vas a callarte, oye bien lo que digo
*No lo tomes a mal, pero es tu tiempo de escuchar
Los humanos pecan de actuar rápido sin ponderar

~Voy a escucharte pero tengo muchísima curiosidad
~Quiero saber en qué es que tú y yo nos parecemos
*¿Qué te molesta de la comparación, que soy viejo?
~Tienes tiempo?*Te advierto que nos amaneceremos

*Te diré sobre nuestras diferencias y ciertas similitudes
Yo soy del reino vegetal y tú eres familia de primates
Yo no tengo ojos y los de ustedes son oscuros o azules
Creo tener mejor visión que tu y no cometo tus disparates

~No puedo estar aquí toda la vida a ti no te duele nada
*¿Que no? No has visto como la brisa se apiada de mí
Cuando llega el viento acaricia mis ramas y mi interior
Sufro los efectos de la contaminación hasta mi exterior

~Admirado árbol dame sabiduría y perdona mis desaires
~Ahora quiero escucharte con atención; soy todo oídos
*Con un solo árbol comienza un bosque que nos da aire
Respetemos la naturaleza con todos nuestros sentidos

El árbol continuó su didáctico e interesante coloquio
*Las palabras que edifican pueden ayudar ha confortar
~Y pueden hacer mucho al ponderar en un soliloquio
*Como yo, se feliz al dar buena sombra y propiciar paz

*Una sonrisa puede dar lugar a una buena amistad
O sencillamente desarma al que está en enemistad
Un rico abrazo o apretón de manos levanta el alma
Así es que ve y abraza y al desprovisto dale calma

*Que tus sueños sean más grandes que tus miedos
Actúa, ríe, aprende, ama, vive, deja vivir y se feliz
Que el amor sea el gran sentimiento que te mueva
Que el errar al intentar lo mejor sea tu único desliz

~Amado árbol estas mas profundo que tus raíces!
*Hombre se sencillo y práctico, quieres imitarme?
Bebe agua, da mucho fruto y has a otros felices!
Disfruta la naturaleza y no dejes a nadie intimidarte

~Desperté, en absoluta paz y con deseos de actuar
El sabio árbol me dio una gran lección con su voz
Hablar distintas lenguas y no actuar es no saber amar
~¿Fue un sueño? Tal vez fue el árbol, tal vez fue Dios!

Por: Roberto Berberena Collazo

[Leyenda: ~ hombre, *Árbol]

Libélula...

Contemplé el vuelo de una libélula
Miré como volaba y batía sus alas
Parecía que venia hacia mí
Llegaba pero luego se marchaba

Su colorido era espectacular
Y su vuelo indescifrable
Era como una promesa inconclusa
Me daba esperanzas quebrantables

Yo la miraba entre las flores
Opacaba toda flor del jardín
Pero en lugar de acercarse
Volaba hacia el fin…

En su mágico e irregular vuelo
Yo volaba junto a ella con denuedo
Subimos alto y desde allí nos lanzamos
Sin importar si tendríamos frenos
Tomamos riesgos; yo estaba ciego!
Pretendí tomarla de mis manos
Olvidé que amaba su libertad y el juego

Su volar era muy zigzagueante
Su caminar era como serpentino
No sé si por ardid o el efecto del vino
Centelleaba y comenzaba a sacudirse
Regresaba para conmigo confundirse
No sé si me amó pero cuanto lo quise

Pasaba de lo espiritual a lo mundanal
Con facilidad volvía a su libertad
Quien tiene alas siempre vuela
Bajaba y subía, ese era su ritual
Solo precisaba alas no cadenas
La inconsistencia en ella era usual

Quizás me estaba enseñando a volar
Mas yo lo que pretendía era amarla
Ella solo deseaba sensuales caricias
Y sintió que mi amor era para atarla
Así despegó, voló alto y a toda prisa

Se elevó y desapareció como espectro
Nunca apreció mi singular afecto
Yo permití su vil y errante vaivén
Su paladar fue errático de miel a hiel
Pero el corazón conspiró con la piel
Ya mi mente anticipaba su desdén
Un día se levantó, voló y se fue…

Por: Roberto Berberena Collazo

El León y La Escorpio...

Una Escorpio emergió del festejo con calabazas
Disfrazada sagazmente para el que llega y pasa
Con falsa pena que engaña, endulza y enlaza

Pasó un león, lo llamó y le contó sus penas
El león la besó en una playa de blancas arenas
La Escorpio fingió ser ingenua como una nena

Desde las arenas lo aguijoneó con su letal veneno
Justificó al león que su veneno era amor del bueno
El consintió diciendo; hasta onomatopéyico sueno

Así lo dijo porque en su corazón sintió un "crac"
Ella le dice vamos a enlazarnos vístete con un frac,
Avanza vamos a la barra a celebrar, pide un coñac

Lo intoxicó y al marcharse le asperjó de su letal rocío
El rugido de fiero león pasó a ser aúllo de lobo herido
Las lágrimas fueron interminables cual si fuera un río

La vil regresó fingiendo auxiliarlo como enfermera
Sutil inyectó veneno como abeja a flor en primavera
Fue muy satírica como jácara de comedia o novela

Pobre león parecía viejo árbol apolillado y deshojado
Él alargó sus ramas hacia ella, y eso sí fue demasiado
Quiso lamer dulce arce* pero saboreó un amor salado

Algunos degustaron pastel de calabazas en su defunción
La culminación del encuentro amatorio tiene una lección
Un viejo león debe buscar leona; no una juvenil escorpión

Por: Roberto Berberena Collazo
[* Maple]

Un Hombre, el Sol y la Tortuga...

Al amanecer el Sol sorprendió a un hombre llorando
* Le dijo al oído, "imítame a mí, yo estoy sonriendo"
* Comentó; como quiera salgo aunque estuviera lloviendo

Caminó y vio una tortuga; ese día era más lento que ella
+ Le gritó "oye cabizbajo, me has hecho el día por lo lento"
+ También por el ánimo, pareces oruga y me haces sentir bella

+ He visto gente triste, y lo tuyo debe ser mal de amores
+ Si tienes salud, todo problema tiene solución o remedio
+ Como humano tienes capacidad para lidiar con los temores

El Sol interrumpió y dijo sí, los humanos también tienen luz
La Tortuga se mofó disputando que no son ninguna estrella
El bello astro sostuvo que se refiere al intelecto y al espíritu

El hombre agradeció el respaldo pero afirmó estar derrotado
- Mira todos me pasan por el lado, incluyendo a ésta tortuga
* Y yo tengo un calor interno que me consume y estoy desolado

~No puedo negar que sufro porque ella no estará a mi lado
La tortuga incrédula cuestionó, triste por un desamor?
El Sol exhortó a contar las bendiciones, por amor a Dios!

Él dijo: no es desamor es que ella enfermó y luego se murió
El Sol: Disfruta de su recuerdo y de lo mucho que te amó
* Recuerda que habrá transformación como lo hago yo!

~Quién diría que una tortuga y el bello Sol me aconsejarían
~Siento transformarme, es un sueño o solo mi imaginación?
^ Hola amado mío, cumpliste que tu nunca me olvidarías...

‑Qué, estoy en el cielo? ^ "Más o menos, es un estado alterno"
^ Te "mandarán" a buscar sino superas mi partida y la pena
^ Yo quiero que seas feliz, no saber vivir es como un infierno

^Anda, ama, perdona, aprende, consuela; ayuda a los demás
^Estás encerrado en un cuerpo pero puedes hacer mucho
^Ahora vive, luego nos reencontráremos en el más allá…

Por: Roberto Berberena Collazo
[Leyenda: ‑hombre, * Sol, + Tortuga, ^ Mujer]

¡Truenos y Relámpagos!

En un tiempo fui próspero
Llegué a ser fuerte y valeroso
Caí arrojado a lo bajo y tenebroso

Como serpiente me arrastré pero sin veneno
Quise ser de lo mejor, quise dar amor del bueno
Nunca esperé tus relámpagos ni ruidosos truenos

Admiré tu belleza cual si fueras una rosa
Contemplé tu brillo como si fueras estrella
Llegué a amarte como nunca amó mi corazón

Hoy mi empeño es levantarme con tesón
Nunca me doy por vencido tan fácilmente
Voy a alzarme como águila o rugir como león

Si fuera necesario cambiaré de color
Podré parecer lagartijo o quizás camaleón
No tendré dos caras pero si mucho valor

Voy a cuidar de las rosas con mucha atención
Estudiaré de las estrellas con gran admiración
Amaré intensamente como lo dicte el corazón

Pero, no permitiré que tu estruendo me asuste
No dejaré que tus voltios me quemen o electricen
Llegó el tiempo de que mi herida cierre y cicatrice

Ni siquiera pensaré en lo mucho que te quise
Que difícil fue olvidarte pero por fin, lo hice!
No deslumbras y tus truenos ya son inaudibles

Por: Roberto Berberena Collazo

En la oscuridad me escondo de gente negativa
Quiero seguir en la luz con gente muy positiva

Prefiero gente honesta aunque su sinceridad duela
Que Amor, Mansedumbre, Orden y Respeto te muevan

Detesto la gente hipócrita que se ríe con falsedad
Busco y sigo el Faro que me de luz espiritual

La vida es un espacio encerrado que necesita luz
Puedes estar en una silla de ruedas pero en plenitud

Puedo estar convaleciendo, pero en movimiento
Lo importante es como amo, que hago y lo que siento

Las palabras pueden irradiar luz aunque estés a oscuras
Usa el lenguaje para amar, consolar con mucha ternura

Llena tu espacio vital con luz; nunca con oscuridad
Evita toda crueldad o cualquier forma de maldad

En asuntos del alma, prefiere el "Dharma al Karma"
En lo sentimental da amor, busca la paz y la calma

Hay quien puede estar enfermo(a) de estar enfermo
Aferrarte a la fe, no ceses ni crees tu propio infierno

Refleja tu interior como brillante lumbrera
Extirpa el dolor, y a lo maligno, pa' fuera!!!

Por: Roberto Berberena Collazo
[Dedicado a quienes padecen de alguna enfermedad o aflicción]

...Ironías!!!

Dicen que el mayor dolor de los humano son los dolores de parto
Traen vida y el mayor gozo a pesar de que pueden causar infartos
En el teatro de la vida la mujer tiene el rol principal del reparto

Los de la diáspora incitaron a romanos que a Jesús dieran muerte
Lo debilitaron hasta crucificarlo y sobre sus ropas echaron suerte
Por el amor que aquel débil regaló, para muchos es el más fuerte

De Europa vinieron colonos a salvar a tribus de "salvajes" indios
Pero conquistadores violaron mujeres, mataron hombres y niños
A cambio de educarlos y evangelizarlos les dieron el peor cariño

Un águila vuela muy alto defendiendo la democracia y la libertad
Empero invade tierras ajenas belicosamente con gran regularidad
Los que tienen gringolas parece que no pueden ver dicha realidad

John Lennon le pedía a la gente imaginar que no hubiera infierno
Aunque falleció su mensaje está muy latente en nuestro recuerdo
Confirmamos que humanos son quienes usan tenedores y cuernos

Ciegos como Feliciano y Wonder tienen visión en sus melodías
Un Beethoven senil y sordo compuso en la 9na su mejor sinfonía
Es increíble que un mal humorado regalara una Oda de Alegría

La verdad puede doler una vez pero la mentira dolerá siempre.
Los que te lastiman en realidad a la larga te harán sentir fuerte
Quien te critica esconde que frecuentemente estas en su mente

Por: Roberto Berberena Collazo

De La Risa a la Reflexión...

Hay millones de chistes sobre la infidelidad
Se ríen a carcajadas hasta descubrir su realidad

De joven vacilabas burlonamente a los gordos
Ahora si te hablan de tu peso te haces el sordo

Te burlabas de los nerds por sus apariencias
Ahora son jefes de corporaciones o agencias

Pensabas que tenías todo el tiempo del mundo
En este día te arrepientes de ser poco profundo

Mirabas los ancianos con arrogancia y altivez
Ya ha pasado el tiempo y te alcanzó la vejez

Gastabas todo olvidando que habría un futuro
Solo tienes la muerte como tu único seguro

Te jactabas de tu físico conquistando a las chicas
Ellas sacrificaron atractivo para ser esposas ricas

Ahora te aplican "el último que ríe, ríe mejor"
Ten garganta profunda; traga tu mal humor

Por: Roberto Berberena Collazo

¿Hacia Dónde Voy?

No se si caminar o correr
Adónde me dirijo?
Todavía no lo sé!

Detesto mi zigzaguear
Ni siquiera se dónde estacionar
Pero sé que no quiero divagar

Quiero buscar algo más espiritual
Me hablan de resucitar o de reencarnar
Religiosos que no saben amar ni perdonar

En verdad lo del cielo me confunde
No por Dios sino por la gente
Afirman que su religión es diferente

Cómo un pueblo puede alegar supremacía!
Se sienten del mundo secular sus policías
Parecen de Wall-Street; protegiendo su alcancía

Hay quienes dicen que son el pueblo escogido
Que el mismo Dios los ha ungido y elegido
Pero ante cualquier diferencia dan un rugido

En lugar de trabajar por todo lo grande que los une
Se separan por algunos detalles que los desunen
No se ponen de acuerdo ni como al cielo suben

Hay otros que viven por la regla de oro
Un ojo por ojo extirpan si le quitan su tesoro
Su Dios es de venganza sin importar el lugar ni el foro

Otro grupo alega de Dios ser sus testigos
Pero al discrepar con ellos te tildan de enemigo
Olvidan amar al prójimo como hermanos y amigos

Cuál es la verdad? Me pregunto si les importa!
Pero yo no voy a vacilar buscaré el único camino
No buscaré religión, busco de Dios y mi destino.

Por: Roberto Berberena Collazo

Se Guerrero(a)
(Diálogo con la mente)

En la vida no siempre serás ganador
Solo trata de ser muy valeroso
El no intentar te hace perdedor
Busca tener valores hermosos

No claudiques por lo que te reta
Trabaja duro y no te amilanes
Es fascinante realizar las metas
Sentirse realizado es formidable

A los conflictos gánale la batalla
Esfuérzate como buen guerrero
Se como atleta que salta vallas
De solo llegar serás el primero

Muchas veces tratamos pero fallamos
El triunfo corre al lado de la derrota
Aspirar dignamente es tu mayor regalo
Lo que es puro y verdadero se denota

Vence la tentación y no seas cobarde
Se genuino diariamente en tu quehacer
Avanza, se te puede hacer muy tarde
Solo quien se prepara puede vencer

De la esperanza y la fe haz un escudo
La vida trae algunas acechanzas
Procura ser útil y evita ser rudo
Que el amor sea tu más fuerte lanza

Por: *Roberto Berberena Collazo*

Escalera al Cielo...

Soberano Dios:
Le llamo porque hace tiempo no le escucho
No quiero ser irreverente y lo respeto mucho…

Vengo a molestarle
Pasan cosas que aún no entiendo
En realidad no quiero despertarle
Pero parece que está durmiendo

Cómo dejar que pasen tantas cosas?
Destruyen del paraíso hasta tus rosas…
- Si son mías porque te incomodas?
- Al crear la Tierra quise dejarla sola
- Mira el viento como mueve las olas
- Haz mirado en la naturaleza mis obras?
- De ustedes quiero que sean buenas personas
- De mis animales ustedes son los que razonan
- Al menos se supone, ni hablar cuando desentonan
- Ni riñamos sobre los problemas que se amontonan
- Por cierto no te olvides que ha todo le llega su hora

Otra vez siento que me ignora…
- No me vengas a culpar por lo que hacen otros
- Ocúpate, cuando vengas a mi no esconder tu rostro
- No arreglo todos los problemas pero no soy un monstruo
- Hacen lo que quieren y luego vienen con "ante ti me postro"

ROBERTO BERBERENA COLLAZO

Por favor, no quiero oír lo mismo
Estoy harto de falta de lealtades y del racismo
No entiendo como aquí impera el materialismo
- No te enfusques por lo que hagan otros y se tu mismo
- Creo que te he tolerado mucho pero no más eufemismos
- Te quejas de tu país, su consumismo y del imperialismo
- Ve y diles cuanto los amo y que reduzcan su egoísmo

¿Y si no me creen?

- Ese es tu dilema, no todos creen lo de mi espiritualismo
- Arreglo algunas cosas con sensibilidad otras con cataclismos
- Sobre la debacle de la sociedad eso lo crearon ustedes mismos
- Que quede claro, quiero para ustedes lo mejor y no es cinismo
- Pero ustedes juntos hacen lo peor y van directo hacia un abismo
- Pero repito, no te enfoques en lo que hagan los demás se tu mismo

Hoy al levantarme pensé en el deterioro de nuestra humanidad
Responsabilicé a todos; amistades, compatriotas y hasta a Dios
Empero al ponderar realicé que no puedo culpar a los demás
La responsabilidad no se delega, en realidad es asunto del "Yo".
No puedo asegurar que habrá en el túnel ni lo que habrá más allá
Solo se que debo superarme en fe, sabiduría y genuino amor
En ocasiones se actúa, en otras hay que ser paciente y esperar
No controlo que pasa a mi alrededor pero si como debo actuar
No hay que tirar una escalera al cielo, pues Dios está en control.

Por: Roberto Berberena Collazo

La Fábula del Niño y el Coquí...

Leyenda:
o   Niño: ~
o   Coquí: *
o   Cacique: #
o   Serpiente [alsophis]: S
o   Conquistador +
o   Caballo-Político 1 ^
o   Gallo-Politico 2 %

Fábula del Niño y el Coquí...

Un niño jugaba muy cerca del patio de su casa
De pronto escuchó un insistente y lindo silbido
El cántico era melodioso y agradable a sus oídos
Se acercó y al fondo vio un diminuto sapito
El nene se identificó con el tamaño del animalito
~ El niño preguntó; ¿Te escondes por ser chiquito?
* No estoy escondido; le canto a mi amada
~ No la veo en ninguna parte, está en el piso?
* Está jugando a hacerse la desinteresada
~ No quiero desanimarte pero creo no te quiso
* Tranquilo esto es así desde épocas pasadas
~ Te refieres a desde los tiempos del paraíso?
* Mas o menos, pero no es de épocas tan lejanas
Es sobre mi Isla del Encanto pero sin hechizos
~ Es como si fuera un lindo cuento de hadas?
* ¿Tienes tiempo? Creo que debes pedir permiso!
~ Mi hermano dice que es mejor pedir perdón que permiso
* Necesito la aprobación de una persona autorizada
No vaya a pasar lo del pollito y el precipicio
Que se desbocó y perdió hasta sus alas
~ Esta bien, es bueno el respeto regreso ya mismito

El niño fue a buscar de sus padres el permiso
Sintió emoción al hablar con su nuevo amiguito
Regresó y esto le narró el locuaz sapito…

* Érase una vez en un lugar de Taínos llamado Oubao-Moin.
Sus habitantes no temían derramar su preciada sangre
Los enemigos cercanos le temían por su valor y gran brío
Sencillamente eran guerreros valerosos y nada cobardes
Todo en control hasta llegar conquistadores en una tarde
Los nativos no tenían idea de lo que traería aquel navío
Aparte una serpiente alsophis^ y un sapito y su bello sonido

Los que invadieron eran carroñeros disfrazados de nobles
El sapito alertó a los indios cantando coquí, coquí, coquí…
- Le avisó de que eran tres barcos desde lo alto de un roble
- El sapito le advirtió al jefe que peleara o le llegaría su fin
- El jefe que le decían Cacique contestó, "la guardia será doble"
Pero flaqueó al recibir turrones y la promesa de hacerlo feliz

El sapito continuaba escéptico y le advirtió del peligro
* "Oye Cacique no claudiques guerra con esos "toreros"
#Y el replicó… "sapito son evangelistas y buenos amigos"
* "No…Te equivocas, son enemigos y temibles guerreros
* Este puede ser el fin de tu ciclo, oye bien lo que te digo"
-El jefe no le creyó y ayudó a los que vinieron en veleros
-Confió en su bravura y no hizo caso al pequeño anfibio

El sapito, habló con una alsophis presagiando un combate
La culebra se sorprendió que le hablara su recatado rival
Este le aseguró que eran tiempos malos y venia la debacle
Vaticinó que lo que vendría para Oubao Moin sería brutal
Sería tan serio como huracán cuando con su furia embate
Pero el Cacique no le creyó pensando que era un disparate

El tiempo pasó y los crueles conquistadores cesaron su disimulo
Saquearon, robaron, laceraron y todo lo redujeron a impuro tereke
Fue fácil, tenían armas, provisiones quitándole a los indios lo suyo
El sapito lloró al ver a sus coterráneos pulsando como tembleque
La masacre fue completa, de los numerosos indios no quedó ni uno
La tierra hedía a sangre de los tainos colgados en su palenque
Las claras aguas fueron manchadas y el hedor llego a lo montuno
Un conquistador vio la alsophis y trató de matarla con un machete
Ella se alzó y expandiéndose intimidó al conquistador diciendo…
s- Oye energúmeno no sabes lo venenosas que somos las serpientes?
+ ¿Una cobra? El hombre se acobardó y de allí se fue corriendo

A unos pasos más resbaló y vio al sapito vigilando en un arbusto
+ Ay, es un insignificante sapito y por poco me muero del susto
* El sapito contestó, por ser chico no soy insignificante
* Le exijo respeto llámeme Coquí, de ahora en adelante
+ El extranjero vociferó: ahora de esta Isla yo soy el dueño
* El Coquí al croar solfeó eres sicario real pero no isleño
* Mi pronóstico es que reinarás solo temporalmente

ROBERTO BERBERENA COLLAZO

       * Luego gobernarán otros que tampoco son de aquí
       + Ya cállate sapito, eres pequeño y loco de la mente
       * Soy integro y no quiero ser como tu y los de por ahí…

     s La alsophis indignada cuestionó, me doy por aludida?
       * Bueno, te arrastras y pretendes ser como una cobra!
     s Tú también te arrastras y ahora me tienes confundida
       * Pretendo defender mi terruño no más tarde sino ahora
       * Por cierto no me arrastro, tengo patas casi escondidas
     + Ya, dejen de hablar ahora soy el Jefe, guarden su saliva
   + Y tú, me enteré que no eres cobra ya no temo tu mordida

     + Aquí todo es doble; pájaros bobos que no son bobos
     + Serpientes que no tienen veneno y guerreros sin armas
       * Pronto te llegará tu merecido, deja el saqueo y el robo
       * Ahora te rozaré con mi piel para que se te pegue sarna
       * Te enfermarás al punzarte los mosquitos a su antojo
     s Quiero unirme soy nativa, sin veneno pero con maña
     s "Fauna unida jamás será vencida", lo morderé en el ojo
     s Otra se unió y dijo "le picaré los pies como buena araña"
   -Los animales se resignaron dando tregua pero dejaron todo en remojo
   -No hubo más resistencia hasta cuando se dio el grito en la montaña

       Nuestra historia continuó uniéndose otros personajes
     El sapito ya tenía fama y su nombre era igual que su cantar
     Hubo una revuelta que se conoció como el Grito de Lares
     Pero fue controlada y su efecto no llegó más allá de San Juan
     El tiempo pasó y a sus residentes le aumentaron sus pesares
     El triste lamento de un jibarito el Coquí empezó a entonar
     Vino una segunda invasión encabezada por un tal Tío Sam
     Eran de cultura diferente y por el sur hincaron sus anclares

     Los nativos no eran indios pero tenían identidad nacional
     Esta vez tenían armas pero le faltó ajustar sus pantalones
     Al poco tiempo los nuestros pelearían en guerra mundial
     Zarparon a tierras lejanas defendiendo a los anglosajones
   ˷ Desde entonces se ha acrecentado una crisis de identidad
     Ha habido de todo, cambio de nombres y muchas ilusiones
     Lo único consistente ha sido el Coquí y su hermoso cantar
     Anticipó que los que ayudaron a ajenos le llamarían melones
     Hubo masacre en Ponce que sangre hermana vio derramar
     La tierra hedió a sangre brotada del alma y sus corazones

No lucharon por la tierra de otros lo hicieron por su libertad
El Coquí croaba eres de aquí o de allá entre otras canciones
Pero lo del nuevo estatus ni él con su visión pudo imaginar
Cuestionó lo de estar asociado con el aval de otras naciones

> De pronto el coquí se acordó de su aliada, la serpiente
s Ella confesó estar como quien está "embarrao"
* Que pasa contigo? Te has acobardado de repente?
s Es que ahora hay un águila peor que el Guaraguao
* Ave María Purísima!
s Sin pecado concebido!!!
* De cuando acá eres devota?
s Bueno hasta la Virgen invocas
* Te creía astuta, pero eres tosca
* Hablo en sentido figurado
* No hay águilas volando
* Quién te dijo semejante disparate?
s Fue el alacrán!
*El que nos quiso gobernar?
s Afirmó temor a las águilas federales!
* Cuando le convenía!
s Como el caballo?
* No como el gallo…
> Se escuchó un relincho…
^ Quiero entregar la Isla al águila…
* Caballo no te pareces en nada a un águila
* Como político eres una maravilla
* Pero como isleño una pacotilla
^ Ahora eres sapo del gallo?
* Sin ofender; llamaré al guajiro
^ Ahora también eres payaso!
* Olvidas que todo tiene su tiempo
^ Se nos hace tarde para anexarnos
^ Los isleños no saben la hora que es
% El gallo quiquiriquió, son las 9:36
% Y afirmó la culpa de todo la tiene el Coquí
% Siempre tiene ideas separatistas

* ¿Separatista yo?
* Si soy un isleño autóctono y de aquí…
* Vendrán caballos, gallos, águilas y toros
* Cuando el tiempo pase y Dios aclare todo
* Los únicos que podemos decir que somos de aquí
* Serán los que sepan cantar verdades como este coquí
* En el idioma batracio Coquí quiere decir, de aquí!

Al final el niño meditó sobre lo que era su terruño, muchas paradojas, contrastes, decisiones inconclusas y dudas tenía muchas… No obstante, prosiguió con su motivación a inquirir y comprendió lo que le dijo el pequeño sapito, perdón el maravilloso gran Coquí. Él escuchó atentamente y concluyó que por el momento no le importaba mucho lo de la política pero si interiorizó que se valora lo que es suyo sin importar cuan grande, rico o pobre se pueda ser. Se es grande cuando se cultivan los valores, se superan defectos, se respeta el derecho ajeno, se aprende de diferentes culturas pero siempre se ama su propio país y su propia cultura con la intención de depurarla, desarrollarla y perfeccionarla. No todas nuestras costumbres son buenas y no todo lo de culturas ajenas es malo, pero nunca pensemos que somos inferiores por ser diferentes.

No hay que ser de gran tamaño para ser un buen isleño y amar su terruño. En esta isla lo más pequeño es el Coquí pero ha existido por innumerables años. Ha superado huracanes, invasiones, los desmadres administrativos y ecológicos causados por los políticos y sus partidos. El más pequeño en realidad es el más grande. Si algún día pasas por la isla llamada Oubao-Moin, Borinquen o Puerto Rico escucharás un silbido de lo que por nosotros es lo mas querido; nuestro distinguido y hermoso Coquí. Su cántico es melodioso y perpetuo y se escucha así: Coquí, Coquí, Coquí…

Por: Roberto Berberena Collazo

Nuestra Casa Terrenal

[La Patria y Nuestro Planeta]

El Planeta Tierra...

La ciencia dice que surgiste hace mas de 4 billones de años
La Biblia dice que te crearon en 7 días y hasta hubo regaños

En el principio hubo balance con minerales, flora y fauna; un Paraíso
Eras perfecta pero un día llegó el hombre que contaminarte quiso

Es irónico que humanos no tengan el balance que dan los animales
Las bestias y las plantas tienen un ciclo que alteramos los racionales

Giras alrededor del Sol pero para mi eres centro del universo
No solo eres el Planeta mas bello, también eres el más diverso
No eres tan grande al compararte con Júpiter que es inmenso

No tienes los llamativos anillos que alrededor de Saturno giran
Pero eres majestuosa, diversa e intrigante porque en ti hay vida

Que lindos tus colores como tu azul cielo, el verde, rojo, amarillo y lila
Maravillosos son tus bosques, frutos, flores toda la flora y su clorofila

Que impresionantes son tus mares, lagos, ríos, arroyos y cascadas
Estas dotada de hermosura con selvas, desiertos y frías nevadas

Luego de tu creación surgió la evolución donde sobrevive el más fuerte
Comparten reinos como el mineral, vegetal y animal; ésa es nuestra suerte!
Sigues orbitando pero en ti hay una especie que al luchar causa muertes

Has sobrevivido colisiones, fuegos, terremotos, e impactantes meteoritos
Sigues girando y tus recursos dando, manteniendo la vida con sus ciclos

Gracias a la madre naturaleza y padre tiempo por sus regalos a raudales
Ahora entiendo la canción yo quisiera ser tan civilizado como los animales

Los humanos seguimos consumiendo causando que todo vaya muriendo
Y tu hermosa Tierra das como madre esperando que despertemos a tiempo

Queremos disfrutar de la vida que propicias con el aire, el agua y alimentos
Vamos aprendiendo y hay esperanza con la nueva generación y sus inventos
Gracias bello Planeta Tierra por la música de tus ruidos, silencios y eventos

Por: Roberto Berberena Collazo

Imagina!

Imagina una vida feliz
La gente de todas partes unidas
Donde el objetivo sea salvar cada vida

Por qué te parece extraño?
Compartimos el mismo mundo
Aunque tomemos diferentes rumbos

Imagina que ningún niño tenga cáncer
Figura que ningún adulto desarrolle Alzheimer
Y que estallen todas las bombas arriba del aire

Crees que lo que imagino es una quimera?
Reunamos las etnias desde la última a la primera
Es tiempo de quemar lo que desune en una hoguera

El globo terráqueo es uno solo!
Por qué tildan a unos de tercermundistas?
Preservando el poder para los imperialistas

Ya el ser humano ha hecho de todo lo malo
Guerras, robos, genocidios y el peor racismo
Malos gobiernos, totalitarismo y hasta fascismo

Por qué seguir con más de lo mismo?
Que nos priva brindar caridad en lugar del materialismo?
Si no cambiamos actitudes vamos directo hacia un abismo

Por qué no trabajamos para suprimir la hambruna?
Quién dijo que la meta era acrecentar más fortuna?
Por qué tantas divisiones si la raza humana es una?

Es preferible invertir en sabiduría que astrología
Es mejor practicar el amor que estudiar teología
Vamos juntos a triunfar para formar una algarabía

Que triunfe el amor sobre el dolor y la desigualdad
Que llevemos sanidad y esperanza en la enfermedad
Que la meta sea felicidad colectiva, no solo la individual.

*Por: **Roberto Berberena Collazo***

A Mi Patria...

Esta mañana entró la luz del Sol por mi ventana
Le di la bien
venida por el disfrute del amanecer
Me había despedido de la Luna al caer la moche
Di gracias a Dios por la Patria que me vio nacer

Quedo atónito por lo bonito que es nuestro país
Me pregunto si lo aprecian o lo dan por sentado
Mi orgullo patriótico es innato y lo llevo de raíz
Amo mi terruño aunque yo estuviera apartado

También pedí la bendición para mi bella familia
Oré por la gente y por la unidad de las naciones
Quiero que caminen juntas y sin ninguna envidia
Deseo que trabajen unidas y reciban bendiciones

Pero hoy pienso en mi Borinquen, donde nací
Se que no es perfecta, pero la quiero de verdad
En ella hay bellos campos y el canto del Coquí
No le temo a ningún tirano con negra maldad

Gracias Rafael Hernández por cantarle Preciosa
Eso es así desde el Norte hasta la Perla del Sur
Sigo al centro en Aibonito y sus flores hermosas
De Cabo Rojo a Humacao con la Luna y su luz

Que bonitas son tus playas, tus montes y radiante Sol
Tu clima y bellos paisajes son dignos de admiración
Tu verdor es único y te llaman la Isla del Encanto
Eres la tierra que me abraza por eso te quiero tanto

Algunos profesan preferencia a lo de afuera
Otros países tienen virtudes pero no son el mío
La Patria no se vende, siempre debe ser primera
Yo te defendería aunque mi sangre llegue al río...

Por: Roberto Berberena Collazo

Isla de Puerto Rico

A mi Borinquen querida le dedico este Poema
Es el lugar donde me crié y nacieron mis nenas

No es muy grande pero para mi es la primera
Un radiante y rubio Sol crea su eterna primavera

La llamamos Preciosa por sus ríos, playas y palmeras
Su mar es azul turquesa con suaves y blancas arenas

Con respeto y cariño le decimos la Isla del Encanto
Así le dicen tus compositores que inspiran sus cánticos

Nuestra mezcla cultural es inmensa con indios, españoles y africanos
Te pincelan Campeche, Oller, Arana, Rodón, Vallejo y Cabán mi hermano.

Cuna de próceres como Gautier, Hostos y Morel Campos
Músicos como Rafael, Flores, Ricky Martin y Daniel Santos

Políticos como Betánces, Albizu, Luis Ferré y Muñoz Marín
Poetas como Julia de Burgos, Rodríguez de Tió, Llorrens y Arriví

La tierra de Borinquen lugar donde para mi fortuna nací
La comparto con Agüeybaná, Schomburg, Santori y Roberto Cofresí

Tierra de hermosas mujeres que son símbolo de su belleza
De damas inteligentes conocidas por su gracia y nobleza

De grandes baluartes como Roberto Clemente Walker su mejor pelotero
Educadores como Eugenio, Modesta Collazo, Díaz Tizol y Rafael Cordero

También de buenos hijos allende los mares como Tito Puente el timbalero
Una nación pequeña con gente talentosa que lucha por levantarse por sus fueros

Destacados artesanos como Edwin Báez que en sus miniaturas te caracteriza
Tu pueblo es multirracial, ecléctico y de buen humor como Agrelot y sus risas

A veces pecamos de pedantes o arrogantes al vociferar nuestro orgullo
Pero como patriota el Boricua tiende a destacar y ha defender lo suyo

La naturaleza dotó al terruño con toque distintivo en el Yunque y la Parguera
Se destaca su arquitectura colonial, El Morro, adoquines y angostas carreteras

Viva Borinquen linda, su gente y el brillo de sus estrellas
Todavía no eres soberana pero para mi sigues siendo la más bella…

Es tiempo de superar tus pesares, vamos al futuro sin divisiones y unidos
Ya escuchamos la gran señal; Viva por siempre mi Puerto Rico querido!

Por: Roberto Berberena Collazo

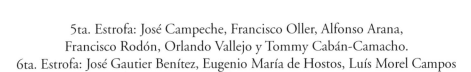

5ta. Estrofa: José Campeche, Francisco Oller, Alfonso Arana,
Francisco Rodón, Orlando Vallejo y Tommy Cabán-Camacho.
6ta. Estrofa: José Gautier Benítez, Eugenio María de Hostos, Luís Morel Campos
Rafael Hernández, Pedro Flores
7ma. Estrofa: Ramón Emeterio Betances, Pedro Albizu Campos, Luis Muñoz Marín
Lola Rodríguez de Tió, Luis Llorrens Torres, Francisco Arriví
8va. Estrofa: Cacique Agüeybaná, Arturo Alfonso Schomberg, José Fufi Santori Coll,
10va. Estrofa: Eugenio María de Hostos, Modesta
Collazo Román, Dr. Roque Díaz Tizol,
12va. Estrofa: José Miguel Agrelot

Ohana

(Familia)

Amor Incodicional...

Mi esposa dijo toca mi vientre por afuera
Mientras yo acariciaba que había adentro
Pensé ay Dios, viene una noticia buena!
Me transformé en el hombre más atento

De pronto exclamó pronto seremos padres
Lloré, suspiré, reí y grité loco de contento
Sabía que ella sería una excelente madre
Ser padre traería mis mejores momentos

Quizás por eso amo tanto a todas mis hijas
Fueron fruto de un puro y genuino amor
Son como el oro sólido de la más fina sortija
Su amor irradió mi vida en todo su esplendor

Hoy quiero que sueñen su propio lindo sueño
El de ellas no puede ser el mismo que yo soñé
Quiero que vuelen alto por su propio empeño
Aprenderán de la vida no solo lo que les enseñé.

No sé si les llegará un Príncipe negro ó uno azul
Mis hijas podrán distanciarse de mí ó de mi todo
Pero el amor incondicional llenará mis ojos de luz
Su amor felicidad me dará aún el día de estar solo

Hoy mi mayor deseo es que ellas sean muy felices
No soy de piedra y naturalmente dejaré de existir
Pero en mi alma llevaré lo mucho que yo las quise
Sobreviví porque su amor vivía muy dentro de mí.

Mi vida ha sido muy intensa pero nunca aburrida
De todo tuve mucho pero muchas veces no tuve paz
Hoy hice un real inventario de lo que ha sido mi vida
Amé y fui amado y en mi vida a mis hijas las amo más!

Por: Roberto Berberena Collazo

Mi Papá Me Ama...

Mi Papá me ama, mi Papá me adora
Él ora por mí a todas horas.

El es un buen Padre que me da su cariño
Y también vela por el bienestar de otros niños.

Papi me quiere a mí y a mis hermanas
Cuando jugamos se sonríe desde la ventana

Siempre me dice que soy su princesa
Recibo de su ternura cuando mi frente besa

Me dice corazón, estrella o su bella flor,
Que brillo de color y soy su gran amor

Mi Padre me da seguridad con su cuido y sustento
Con él nos alegramos cuando jugamos, él es tan atento

Papito nos expresa sus sentimientos que son muy profundos
Es hermoso cuando dice que somos lo más que ama en el Mundo.

Gracias doy por tener un Padre Celestial y uno terrenal
De ambos brota amor y el mas puro y limpio manantial.

Por: Maritere, Marimer, Karina y Roberto Berberena

Las Niñas...

Las niñas son bellas y muy delicadas*
Son como flores amorosas y felices*
Tienen mucho tacto con lo que dicen

Las niñas son organizadas al jugar
Pueden hacer múltiples faenas al retozar

Le dan mucho énfasis a los colores
Traen un lindo colorido a sus alrededores

Que grata es la compañía de las niñas
Con su noble afecto cualquiera se encariña

Llenan de alegría al mundo con su ternura
No hay nada más sensible que su dulzura

Ellas también son muy inteligentes
Le dan lecciones de vida a toda la gente

Mis propias niñas son mi mejor inspiración
Pido para todas las niñas de Dios la bendición.

Por: Karina y Roberto Berberena
* Inspiración de Karina N. Berberena

Mi Mamá Besó a Santa Claus!

Vi a mi mamá besar a Santa Claus
Para que se dieran cuenta fingí que tenia tos

No sé si me dio alegría o vergüenza verlos a los dos
Pero al tratar de gritarles noté que se me fue la voz

Ahora no se si decírselo a papi
Que ese gordo pipón besó a mi mami

Más vale que me expliquen esta confusión
Por eso compondré un Poema o mejor una canción.

No sé cómo se lo digo a Papi, que se vaya a adobar el lechón
Para ver si acepta de mejor manera, lo que hizo ese barrigón

Ay Dios mío; será esto una traición???
Oh ya me explicaron…que siga la tradición!!!

Por: Roberto Berberena Collazo

Shakespeare's Language (Almost)

In a Good Mood...

Sometimes I pretend to be cool
But actually I'm kind of a fool
I might be imprudent
But today I'm in a good mood

I will drink wine
And eat good food
I will go dancing
Will teach my left foot

Lately it has being tough
I just had a wake up call
But I will be rocking favorite tunes
I won't be singing sad songs or the blues

I want to play a very happy tune
Since I'm in a good mood
So you better hear me now
The good mood is the sound

Today the home team is myself
So I'll root, root, root for me
I swear I'm not selfish
But my mood is the right thing

I can't allow anybody to let me down
The fountain of happiness I've found
So you better hear me now
The good mood is my sound

I have my compass heading north
I won't allow myself to go south
I want to shout out loud
Being happy is what is all about

By: Roberto Berberena

My Daughter's Birthday...

Wishing you a special day as you are
Can't be together because you are so far
But you are close; you dwell in my heart

Please count your age by blessings not by years
Live your life by counting smiles and deleting tears
You might be far and yet in my heart so near

You are not getting older, actually you are getting better
Don't worry about how many, count love forever and ever
I love you so much and will not stop loving you; actually never

Live life at the fullest, may the years continue to be good to you
Enjoy life full of splendid colors whether green, white or blue
You brought the color of love to my own life and that is so true

I swear that your best years are still ahead of you; so fulfill your desires
Don't stop dreaming, make your own story, you did not start the fire
Live life with excitement, if they tell you otherwise it comes from a liar

Let's celebrate one more year; to me you will always be forever young
You still bring me joy and inspiration; I can still write Poems or a Song
For you I just lit a fire you bring me the best light, brighter than our Sun.

Go ahead and be the best, you can start today on this memorable day
I wish you the best; be happy, healthy & successful, like your father says
Happy Birthday!

By: Roberto Berberena Collazo

Beautiful & Sexy (Foxy)

She is beautiful and so sexy
When I look at her
I cry oh Lord have mercy!

Is she from heaven or hell?
When she passes by I feel a tempting smell
Oh Lord, look at me… please cut this spell!

Yes, she is beautiful and sexy
I look at her and find her foxy
Don't know her name, I'll call her Foxy

I said she is beautiful and sexy
I really like her rose-hips
I already want to kiss her lips

So beautiful and sexy, I want her near
Of losing her I fear
I'm dreaming she'll be my love, my dear

No doubt that, this is love at first site
I guess that from her apple I took a bite
Is she angel or mirage that control my eyes

Beautiful and sexy, are you real or a dream?
I am so in love…
I would go to Jarred to by you a ring!

By: Roberto Berberena

Breaking-up, is Hard!

I broke-up with my Girlfriend
I thought she was the one

But now I feel sour emptiness,
I don't know where to stand

She said I will love you forever,
I pretended that she was not the one

I was hurt before and did not want that back
My pace has been fast as a car in a race track

I am asking myself will I miss her
And have concluded that it'll be a fact

But I don't think that I really love her
Was it just lust and not much in the heart?

So why am I in dismay and feel so empty?
I realize that fun with her was plenty

I presume that is time to say goodbye
Most relations aren't forever; that's not a lie

She wants a commitment that I cannot give
I must let her go, but it will be tough to live

Someone said that breaking up is hard
I never thought that it will be oh so bad.

By: Roberto Berberena

The Torch of Victory...

Do your best now and ever
Don't be evil, not once, actually never...
Be nice, responsible and clever
Love God, your family and your Country forever

Follow a dream and make it true
You may find hurdles and it might turn blue
Work hard, be the best you can be and learn how to win
You are here to succeed, realize that the sky is the only limit

Keep on trucking until the planet stands still
And yet there will be stars to reach
Help others, build for them a bridge
To protect Mother Earth we all need to preach

Enjoy life; be happy as you can be
Life is the best there is, certainly
Help this World to become a better place to live
Love, learn, lead and lift the Torch of Victory!

By: Roberto Berberena

Y.O.L.O.

You only live once…
Some say twice or even thrice
But requires mystique or be in some trance
Postpone visiting the other side, go to NY or France

In one single trice you may be gone
So enjoy your life, be happy and have fun
Yes, it can get tough and it might get dull
But put your life in order and set good goals

How about, traveling the World?
Or even better; fall in love
And I mean with your own self
Don't give the key to anybody else

You are driving through a challenging route
But believe in you even if you have doubts
Yes, we all make mistakes and have setbacks
But believing in you can lead you to the right track

Don't search any further the light is within you
You will discover that you are super cool
And pay no attention to any given fool
You are beautiful, use kindness as a tool

So start enjoying life, like there is no other
Don't let your thoughts to say otherwise
Life is beautiful and has so much to discover
It does not need to be fancy, just simple and nice

Believe in you, so many people love you
Yes, from the heart; just the way you are
Remember, You Only Live Once…
Live, love, laugh, and then reach the stars…

By: Roberto Berberena Collazo
Dedicated to Maritere Berberena & Darja Petro

IV

Notas de Agradecimiento...

La vida es un laboratorio de la realidad y es una colección de eventos en distintos escenarios dentro del tercer planeta del sistema solar donde participan gente y otros seres vivos creando situaciones. En mi escenario actuaron y protagonizaron muchas personas de calidad y otras de no tanta, pero de todos(as) adquirí algún tipo de experiencia que de inmediato o eventualmente se tornó positiva. Quiero agradecer a gente muy especial, estoy seguro que habrán omisiones así es que le ofrezco mis disculpas si no los/las destaqué... Comienzo con Dios, el ser supremo que creó el Universo y este maravilloso Planeta y la vida, continuo agradeciendo a mis padres, Roberto Berberena Flecha y la Dra. Modesta Collazo Román. A mis hijas Maritere, Marimer y Karina N. Berberena, mi hermana Nilka Enid, su esposo Francisco Resto Torres y mis sobrinos Frances y Frankie.

De aquí en adelante mencionaré los nombres, de gente (algunos familia no-sanguínea) que han sido mega especiales en mi vida. No tenemos espacio para destacar en qué pero cada uno de ellos sabe como aportaron en mi vida. Algunos están vivos y otros no, de todas maneras quiero expresar mi agradecimiento o admiración.... Aludiré a todos(as) sin ningún orden particular, solo como vengan a mi mente... Luis y Evelyn Ruíz, Félix Rivera y Lilliam, Lucy y Félix Dones, Pastor Heriberto Rivera (el de Miami), Gracian Berberena-Flecha, Ángel Collazo-Román, Lcdo. Víctor Gratacós, *José E. Casanova Márquez*, Lcda. Carmen Aponte, Lcdo. Juan Maldonado, Johnny Santiago González, Jerry Jarowitz, Jeff Fornalski, Marisol Rodríguez Collazo, Claritere Alonso-Costa, Nikola Poljak, Magda Campoamor Redín, Marlene Álvarez (Colón), Nancy Cardona, Elba y Eddie Curet, Edwin Báez, José L. Zayas, Tommy Cabán, Ivette Morales, Denise Marina Pabón, Virgie Sullivan, Darja Petro, Arlyn Claudio, Lcdo. Héctor Russe, Ing. Juan Merced, Ing. Tito Cañellas, Ing. Miguel Manzano, Ing. Rafael Otero Avilés, Paul Esposito, Ralph Abbondanza, Rick Good, Ing. Eira Medina, Gerónimo Irizarry, Pedro Tejada y Fa, Oneida Delgado, Santos Cabrera, Ing. Griselle Díaz-Cotto, Freddie Santos Pizarro, Nelly Fonalledas, Ivelise Estrada, Carlos Villanueva, Cynthia Jiménez, Roxanna Santana, Elena Salinas, Carmen Iraida Calderón, Gertrudis Mendoza

Payan, Claudia Guerrero, Ana K. Suárez, Dra. Maria V, Suárez Cuadros, Dr. Miguel E. Cerón Bonilla, Dr. Roque Díaz Tizol, Dr. Neftalí García, Ana Maria Rodríguez, Sammy Bezares, Edgar Cruz, Natasha Cruz, Vilma Calderón Jiménez, Prof. William Jones, Sacerdote Juan Bek, Vilmarie Franco, Carin Chok, Brooks Bradford, Jimmy Reyes, Zulma Cosme, Víctor (Cucón) Velásquez, Don Domingo Pagan, Hector Escalante, Brenda Pomales, Milva Vega Serrano, Rafael Kury Reyes, María Acobe y mis compañeros de la Manuela Toro, Fa. Alonso-Costa, Fa. Pereira-Negrón, a todos mis buenos vecinos de la Calle 5 de Caguax, Carmen y Jorge Pomales, Carmen Gloria y Vivi, Evelyn Rodríguez y todo los que dieron apoyo en FAV-Cayey. Todos los anteriores conjuntamente con personajes históricos (Jesús, Roberto Clemente, Gabriel García Márquez, Pablo Neruda, Julia de Burgos, Albert Einstein, Isaac Newton, Neil de Grasse Tyson-Feliciano, The Beatles, Bob James, Miguel Ruíz, Soren Kierkegaard y otr@s) han dejado gratas huellas en en la maravillosa jornada que nos presenta la vida.

Quisiera concluir indicando que por mas pesada que pudieran llegar a ser sus cargas, la vida es buena….Disfrútela!!! Que Dios le añada bendiciones y la vida le sonría. Que el amor, la salud y la felicidad le acompañen…

Respetuosamente: _Roberto Berberena Collazo_

V

Reconocimiento Especial a:
(orden alfabético)

- ➤ A todos los que de una manera u otra estén ligados a la familia Berberena-Collazo (abuelos(as), hermano(as), sobrino(as) tíos/tías, primos, primas, parientes y amigos.

- ➤ A todos los/las que ayudaron en la publicación de este Poemario con apoyo moral y financiero en especial Eddie "Cuco" Curet, Magda Campoamor Redín y Miguel Manzano Rivera. Sin ustedes "este sueño todavía estaría durmiendo", hoy es realidad.

- ➤ Eddie Curet, los que me conocen saben de lo mucho que me río, pero si existe alguien que ha compartido carcajadas conmigo en todo tipo de circunstancias ese eres tu.

- ➤ Ella Milano, Elena Salinas and Ella Dionaldo thanks for your guidance and leadership. If my project was a ship you three helped me to keep the helm the right way so the voyage could be easier.

- ➤ Elena Salinas: Gracias por tu entusiasmo y energía positiva, llegaste cuando mi proyecto estaba en proceso pero tu brío fue el impulso que faltaba para culminar este esfuerzo. Viva Pamplona que en Elena nos proporcionó una muy eficiente Española!

- ➤ Evelyn y Louis Ruiz, mi eterno agradecimiento por todas las lecciones de amor y cuanto detalle sencillo y profundo han aportado a mi vida espiritual.

- ➤ *Félix Rivera y Liliam*, gracias por tolerar mi impetuosidad en aquellos años de juventud y formación espiritual sobre todo gracias por su amor.

- ➤ *Francisco Resto Torres al final del camino mi cuñado se convirtió en mi hermano!*

➤ *José E. Casanova,* mi hermano no sanguíneo sabes que quiero aprender más idiomas, pero necesitaría buscar la traducción de la palabra gracias en todos los idiomas o dialectos que existen y aún así me quedaría corto en expresarte mi gratitud. Si aplico el refrán "pasé el Niagara en bicicleta", tú también me prestaste la bicicleta. Tu inteligencia es superior pero tu sensibilidad lo es todavía más. Tu ayuda ha sido invaluable!

➤ *Magda Campoamor,* sin tu ayuda no hubiera podido culminar este proyecto. Eres increíblemente inteligente y te distingue tu gracia, pero tu sensibilidad es sencillamente exquisita. Eres un ser excepcional, llanamente de lo mejor que ha pasado por el Planeta Tierra y más allá. El Poema ***Si Fuera a Escoger una Amiga*** (#65) es dedicado a ti.

➤ *Miguel Manzano Rivera,* uno de los mejores ingenieros ambientales del mundo, inteligente y alegre. Gracias por ser uno de los mejores compañeros de trabajo y buen amigo.

➤ *Nilka Berberena Collazo, eternas gracias amada hermana, "Sisters are forever, I'm so glad that you are mine"*

➤ Tommy Cabán Camacho, por crear la portada de este Poemario, por tu visión de vida y compartir tu hermosa sensibilidad y talento con todos los que te conocemos. Sobre todo gracias por tu amistad!

➤ Víctor Gratacos ESQ, eres una persona que me ha ayudado en lo espiritual, lo legal y lo personal. Este libro tiene más de 100 páginas, necesitaría más del doble para poner en justa perspectiva lo que hiciste por mí pero "rezaré por ti" [jiji].

➤ Usted lector o lectora que me honran al leer lo que escribí. Espero haber aportado cuando menos un julio[7] de energía positiva a su vida.

VI

Referencias Históricas o Bibliográficas

1. Título de la canción de Lennon / McCartney
2. Sitz Im Leben es una frase alemana que puede traducirse como "posición en la vida". Casi literalmente "sitio o situación en vida" es decir, lo que pasaba en ese tiempo y lugar.
3. Inspirado en mi niñez al leer <u>El Principito</u>
4. * Estrofa inspirada por Karina N. Berberena Rodríguez
5. Novela de Gabriel García Márquez
6. Julio es la unidad de medida básica de la energía

VII

Portada: Obra Artística de Tommy Cabán Camacho.

1. Para más información sobre sus obras artísticas favor de escribirle a: tcabanarte@gmail.com
2. Para contactar al autor de este libro: escribir a: r.berberena@yahoo.com

Printed in the United States
By Bookmasters